ଅନ୍ଧ ମହୁମାଛି

ଅନ୍ଧ ମହୁମାଛି

ସୌଭାଗ୍ୟ କୁମାର ମିଶ୍ର

ବ୍ଲାକ୍ ଈଗଲ୍ ବୁକ୍ସ
ଭୁବନେଶ୍ୱର, ଓଡ଼ିଶା

BLACK EAGLE BOOKS
Dublin, USA

ଅନ୍ଧ ମହୁମାଛି / ସୌଭାଗ୍ୟ କୁମାର ମିଶ୍ର

ବ୍ଲାକ୍ ଇଗଲ୍ ବୁକ୍ସ : ଭୁବନେଶ୍ୱର, ଓଡ଼ିଶା ● ଡବ୍ଲିନ୍, ଯୁକ୍ତରାଷ୍ଟ୍ର ଆମେରିକା

 BLACK EAGLE BOOKS

USA address:
7464 Wisdom Lane
Dublin, OH 43016

India address:
E/312, Trident Galaxy, Kalinga Nagar,
Bhubaneswar-751003, Odisha, India

E-mail: info@blackeaglebooks.org
Website: www.blackeaglebooks.org

First International Edition Published by
BLACK EAGLE BOOKS, 2024

ANDHA MAHUMACHI
by **Soubhagya Kumar Mishra**

Copyright © Soubhagya Kumar Mishra

All rights reserved. No part of this publication may be reproduced, stored in a retrieval system, or transmitted, in any form or by any means, electronic, mechanical, photocopying, recording or otherwise without the prior permission of the publisher.

Cover & Interior Design: Ezy's Publication

ISBN- 978-1-64560-530-0 (Paperback)

Printed in the United States of America

ସୂଚିପତ୍ର

ସକାଳ ବୋଧେ ସାଢ଼େ ସାତଟା ୦୯
ସମାଜବାଲା କ'ଣ ଜାଣେ ୧୦
କେହି କୁଆଡ଼େ ନାହାଁନ୍ତି ୧୩
ବର୍ଷା ପବନରେ ୧୪
ନିଃଶବ୍ଦ ୧୬
ଆଠଜଣ ଯୁବକ ୧୮
ନଈ ସେପାରି ୨୨
କୟାଁ ଗଛ ଅଗରେ ୨୩
ବିଲମାଳରେ ୨୪
ଦୂରର ବାଲିବନ୍ତ ୨୫
ଶେଷ ଦୃଶ୍ୟ ୨୬
କୁହୁଡ଼ି... ୨୭
ଜୀବନ ଚିନ୍ତା ୨୮
ଶଶିଦେଈ କାନ୍ଦ ୩୦
ଏପ୍ରିଲ୍ ୩୩
ଦାର୍ଜିଲିଂ ୩୫
ପରାଜୟ ୩୭
ତମ ସାଙ୍ଗରେ ଦିନଟେ ୩୯
ଉତ୍ତରାଧିକାର ୪୨

ହୃଦ	୪୪
ଶୀତ	୪୭
ସ୍ୱାସ୍ଥ୍ୟରକ୍ଷା	୪୮
ସାଧାରଣ ଲାଭ	୫୦
ଆଳାପ	୫୧
ହରପ୍ରସାଦ	୫୪
ହାରାକିରି	୫୫
ଅସମୟ	୫୭
ଯାତ୍ରାସଙ୍ଗୀତ	୫୮
କ୍ୱାଲାଲମ୍ପୁର	୬୧
ସାରାଦିନ	୬୩
ହୃଦୟେଶ୍ୱରୀ	୬୫
ସୁଖଦୁଃଖ	୭୬
ସକାଳ	୭୮
ମାୟାଦର୍ପଣ	୮୩
କେଉଁ ଅଚିହ୍ନା କବିର	୯୧
ଯେଉଁଠିକି ସେ ଫେରିବ	୯୨
ଦୁଃଖ କ'ଣ	୯୩
ଯାହା ସାଉଁଟି ପାରିଲା	୯୭
ଅପେକ୍ଷା ମାତ୍ର ଦୁଇଥର	୧୦୦
ଦକ୍ଷିଣାବର୍ତ୍ତ	୧୦୩
ଦ୍ୱାର	୧୦୬
ବାବା !	୧୦୭
ଅନ୍ଧ ମହୁମାଛି	୧୦୮
ଦୃଶ୍ୟାନ୍ତର	୧୧୨
ଜୟଯାତ୍ରା	୧୧୯

ସକାଳ ବୋଧେ ସାଢ଼େ ସାତଟା

ସକାଳ ବୋଧେ ସାଢ଼େ ସାତଟା,
ଏବଂ ରାସ୍ତା
ଅନେକ ମାତାଲ ନାବିକ ଛାଡ଼ି ଚାଲିଯାଇଥିବା
ଅସଭ୍ୟ ରେସ୍ତୋରାଁ;
ଏଠି ଚାମୁଚ ଚିକମିକ୍ କାକରରେ
ସେଠି କଣ୍ଟା ଚିକ୍‌ମିକ୍ ଛିଣ୍ଡା ସାୟା ଫିତାରେ।

ସେଇ ଫ୍ଲାଟ୍‌ର ତିରିଶ ଟପିଥିବା ସ୍ତ୍ରୀଲୋକ କ'ଣ ଭାବେ
ଘାସ ଜାଣେ ନାହିଁ,
ସୁବାସ ମହାନ୍ତିର ପାକସ୍ଥଳୀରେ କ୍ୟାନସର୍
ସୂର୍ଯ୍ୟ ଜାଣେ ନାହିଁ,
ଚୋରାରେ କଙ୍କାଳ ବିକ୍ରୀ ଅପରାଧର ଦଣ୍ଡ କ'ଣ
ଗଛ ଜାଣେ ନାହିଁ,
ନିଲୁ ମିଆଁର ଆତ୍ମହତ୍ୟାର ସହଜ ଅଭାବିତ କାରଣ
ବିଗୁଲ୍ ଜାଣେ ନାହିଁ।

ବିଗୁଲ ବାଜେ ଓ ସମୟ
ପୋଟିକୋର ନିଷ୍ପ୍ରଭ ଅନାବଶ୍ୟକ
ବଲ୍‌ବଟି ପରି ଜଳୁଥାଏ।

ସମାଜବାଲା କ'ଣ ଜାଣେ

ସମାଜବାଲା କ'ଣ ଜାଣେ ?

ଆମେ ସମସ୍ତେ ଦିନଯାକର କ୍ଷୋଭ
ପାକୁଳି କରୁଥିବା ବେଳେ,
ଟେବୁଲ୍ ଲ୍ୟାମ୍ପ୍‌ର ସୀମିତ ଆଲୁଅରେ,
ସୁଯୋଗ ଉଣ୍ଡି ଝରକାର ରେଲିଂ ଫାଙ୍କରେ
କାଗଜ ଗଳେଇ ଦିଏ ।

ବାହାର ବର୍ଷାକୁ ଡରି
ଯୋଡ଼ ସବୁଜ ଝିଣ୍ଟିକାଟି ଆସି ମୋର
ଦର୍ଶନ ବହିର ଦାଢ଼ରେ ବସିଥାଏ,
ସମାଜବାଲା କ'ଣ ଜାଣେ ?
ସମାଜବାଲାର ଗଣ୍ଡିଯାକରେ, ମୁଁ ଜାଣେ,
ଏକ ଅଚିହ୍ନା ଯନ୍ତ୍ରଣା,
ଅକସ୍ମାତ୍ ଇନ୍ଦ୍ରଧନୁରେ ଝଲସେ
ମୃତ ସମ୍ରାଟ୍‌ର ତରବାରୀ,
ରାସ୍ତାରୁ ରାସ୍ତା ମଟରରୁ ମଟର ଭିତରେ
ଅଖ୍ୟାତନାମା କିଶୋରୀର ଅନୁଚ୍ଚ ସ୍ତନର
ଅଭିମାନ ଚାପି ହୋଇଯାଏ
ଦୁଇ ଅଦୃଶ୍ୟ ବୀଭତ୍ସ ପାପୁଲିର ତାଳି ମାଡ଼ରେ ।

ଭବିଷ୍ୟତ ବିଲୁପ୍ତ ଓ ଆଗତ ପ୍ରାୟ;
ହତାଶ ଗୁରୁର ପ୍ରତ୍ୟାବର୍ତ୍ତନ,
ଚାକିରୀ ଓ ଚେନାଚୂର,
ସି. ଟି. ଟ୍ରେନିଂରେ ଅବଲୁପ୍ତ ପତ୍ନୀର ଯୌବନ,
ଖୋସାମତ -
ହେ ଭଦଭଦଳିଆ ମୋର,
ବିଲବାଡ଼ି, କଣ୍ଟ୍ରୋଲ ଦୋକାନରେ
ସାମାନ୍ୟ ପରଟିଏ ଝାଡ଼ିଦେଇ
ଛାଡ଼ିଦେଇ ଚାଲିଯାଅ।

ପବନରେ ଫରଫର
ବହିର ପୃଷ୍ଠା,
ଜୈତ୍ର ପତାକା କି ?
ବୃଷ୍ଟିରେ ଝରଝର
ଅବନମିତ ଛାତ,
ବିଦ୍ରୋହ କବିତା କି ?

କ୍ଷତ
ରକ୍ତ
ପଚିତ
ଅପସ୍ମାରଗ୍ରସ୍ତ ସୀମା ସମୟର,
ଚଉମୁହାଣ ଛକର
ନିର୍ବିକାର ସୁଯୋଗରେ
ସମାଜବାଲା ଡାକି ଡାକି
ମିଶିଯାଏ ହଜିଯାଏ,
ଅପ୍ରସ୍ତୁତ ଗ୍ରହ ନକ୍ଷତ୍ର
ଅପ୍ରସ୍ତୁତ ଛାୟାପଥର
ଅରଣ୍ୟରେ, ଗିରି ସଂକଟରେ।

ଅର୍ବାଚୀନ ଯନ୍ତ୍ରଣା
ଅପାର୍ଥିବ ସବୁ ଦୁଃଖ
ଅସୁସ୍ଥ ଶିଶୁର ଆତତାୟୀ
ସମାଜବାଲା କ'ଣ ଜାଣେ ?
ମୁଁ ପିତା
ସମ୍ଭ୍ରାନ୍ତ, ସଂକୁଚିତ
କ'ଣ ଜାଣେ, କ'ଣ ଜାଣେ ?

କେହି କୁଆଡ଼େ ନାହାଁନ୍ତି

କେହି କୁଆଡ଼େ ନାହାଁନ୍ତି,
ଖାଲି ବାପାଙ୍କର ପାଟି
ଅଫିସ୍ ଫେରନ୍ତା
'କୁଆଡ଼େ ସବୁ ଗଲ' ?

ସାମ୍ନାରେ ଧୂ ଧୂ ପ୍ରାନ୍ତର,
ସମସ୍ତ ଭୟ ଆଶଙ୍କା
ଗୋଟେ ଗୋଟେ ଶୁଖିଲା ଘାସର ବୁଦା,
ଘଣ୍ଟାରୁ ଖସି ପଡ଼ିଥିବା,
ମିନିଟ୍ କଣ୍ଟାଟା ପରି
ଗୋଟେ ଗୋଠଛଡ଼ା ଗାଈ ।

ଭୂତଙ୍କ ରେଳ ଷ୍ଟେସନ
ଭୂତଙ୍କର ଘର ।

ଗୋଟେ ଜହ୍ନ, ଗୋଟେ ତାରା,
ଗୋଟିଏ ବୋଲି ପୃଥିବୀ

ଇଣ୍ଟରଭ୍ୟୁ କାହିଁକି ଯିବ, ସୀତାନାଥ !
ତମେ ଇ ଚୋର; ତମେ ପିଅନ୍,
ତମେ ଇ ଅଫିସର,

ଯାଅ, ମର ।

ବର୍ଷା ପବନରେ

ବର୍ଷା ପବନରେ ଆଜି
ସବୁ ଦୁଆର ଖୋଲା
ପୁରୁଣା ପ୍ରାସାଦର,
ଝଡ଼ ପଶି ଆସୁଛି
ଶତ୍ରୁର ଘୋଡ଼ା ପରି,
ସୂର୍ଯ୍ୟାସ୍ତ ଆଗରୁ
ସବୁ ଶେଷ ହେବ;
ହେଲେ, ସୂର୍ଯ୍ୟ କାହିଁ ?

କେଉଁ ଉତ୍ତାଳ ଲହଡ଼ିରେ ବା
କାରଣ ହଜିଯାଏ
ବର୍ଷା ପବନରେ,
କାରଣ ଚଢ଼ି ଘଟଣା ଆସେ,
ଭଙ୍ଗା ଦର୍ପଣଟା ଲୋଭରେ
ଫେରି ଆସିଲେ ଯୁବରାଜ ?
ଅର୍ଦ୍ଧ ଉଲଙ୍ଗ ଠିଆ ହେଲେ
ପ୍ରାସାଦ ସାମ୍ନାରେ ।

କୌଣସି ଲୋଭ
ଉଧେଇ ପାରେ ନାହିଁ

ଏତେ କଣ୍ଟା ଝଣ୍ଟା ଓ
ପଥରର ମୌନତା ଭିତରେ।

ବର୍ଷା ପବନରେ ଯୁବରାଜ
ଯାହା ମାଗନ୍ତି ଯାହା ଚାହାଁନ୍ତି
ସବୁ ତାଙ୍କର ଅପବ୍ୟୟ
ଅତୀତ ବା ଭବିଷ୍ୟତର-

ନିଃଶବ୍ଦ

ଏବେ ଆଉ ଶବ୍ଦ ନାହିଁ।
ଡିସେମ୍ବର। ନିଷ୍ଫଳ ଆକାଶ।
ପ୍ରବୀଣ ଦର୍ଜିର ମୁଦ୍ରା -
କାହାକୁ କା' ସାଙ୍ଗେ ଯୋଡ଼େ
ନିଷ୍ପ୍ରଭ ଆଲୁଅରେ,
ଏକଦା ବିପୁଳ, ଦୃଢ଼
ଥର ଥର ହାତ୍ୱାର ଆଙ୍ଗୁଠି ?

ଡାଲି ଠୁଙ୍ଗାର ଖବର କାଗଜରେ
ଅକ୍‌ଟୋବର।
ଶବ୍ଦ ସବୁ କି ମାଛଧରାଳି !
ଝଡ଼ ତୋଫାନ୍‌ରେ ଗଲେ ମରିହଜି
ଦୂର ସମୁଦ୍ରରେ !

ଏଠି ଥୁଣ୍ଟା ଗଛଙ୍କର ଶିଥିଳ ସ୍ନେହରେ
ଥରେ ଥରେ ଗୋଟେ ରବିବାର,
ଡେଙ୍ଗୀ ରାଜକନ୍ୟାର ସ୍ମୃତିରେ ଭର୍ତ୍ତି
ମୂକ, ଅବିଚଳ।
ଏଠି କଉଶପ କୁଳ
ଦେହର ପ୍ରାସାଦ ଗୁପ୍ତ ଗନ୍ତାଘର

ଲୁଣ୍ଠନ କରିସାରି
ଓହ୍ଲାଇ ଯାଆନ୍ତି ଭଙ୍ଗା ଅଗଣା ସିଡ଼ିରେ
କେହି ନାହିଁ କେଉଁଠାରେ।

ଏଠି ଆଉ ଶବ୍ଦ ନାହିଁ,
ପୋଲ ନାହିଁ,
ଯା' ଉପରେ ଠିଆ ହୋଇ
ଫେରାର୍ ମନ୍ତ୍ରୀକୁମର
ହେଲେ ବି କ୍ଷଣକ ପାଇଁ
ଦେଖିଥାନ୍ତା ମୁହଁ
ଶୀର୍ଣ୍ଣ ନଦୀ ନିଷ୍ଫଳ ପାଣିରେ।

ଆଠଜଣ ଯୁବକ

ଆଠଜଣ ଯୁବକ
ଅନ୍ଧାର ବର୍ଷାରାତିରେ
ନଦୀ କୂଳରେ
କାଠଗୋଲାରେ ପଚ୍‌ପଚ୍ କାଦୁଅରେ,
ଗୋଟେ କଳା ଆମ୍ବାସାଡ଼ର୍ ନେଇ
କ'ଣ କରନ୍ତି ?
ଆଠଜଣ ଯୁବକ ?

ଅନିଦ୍ରା,
ଓଦା ଲଟପଟ ପେଚାର
ବିକଟ ଡାକ
ଛତୁଫୁଟା କାଠଗଡ଼ର ଗନ୍ଧ ନେଇ
ବୋଳିଦିଏ
ଅଖଣ୍ଡ କିଶୋରୀର ବଡ଼ିସ୍‌ରେ ।

କୌଣସି
ମୃତ ଜ୍ୟୋତିରିଙ୍ଗଣର ଶବ ଖୋଜି ଖୋଜି
ଅନ୍ୟାନ୍ୟ ଜ୍ୟୋତିରିଙ୍ଗଣ
ଦୂର ଦେଶକୁ ବୋହି ଆଣନ୍ତି
ଚିକ୍‌ମିକ୍ ଅନ୍ଧାରର ଜାଲରେ ।

ଆଠଜଣ ଯୁବକ
ବର୍ଷା ରାତିରେ
କ'ଣ କରନ୍ତି
ନଦୀ କୂଳରେ ?

ମେଘ-କୁହୁଡ଼ି ଆବୋରିଥିବା
ପର୍ବତର ଉଦ୍ଦେଶ୍ୟ,
ପତ୍ରଙ୍କ ସବୁଜ ଚଞ୍ଚୁ ବେଷ୍ଟିତ ଲାଲ୍ କଢ଼,
ଅକସ୍ମାତ୍
ବୈରାଗ୍ୟର ଗେରୁଆ ମାଟିର ଗାଁ,
କୋଳର ଶିଶୁର ମାୟା, ଅତ୍ୟାଚାର;
ଦୌରାତ୍ମ୍ୟ ଅନୁଶୋଚନାର;
ଉଦ୍ଧତ ଡଙ୍ଗାମାନଙ୍କରେ
ନିରାପଦ ବଟୁ ନୃତ୍ୟ
କପଟୀ କଙ୍କାଳଙ୍କର;

ନଦୀ କୂଳରେ
ବର୍ଷା ରାତିରେ
କ'ଣ କରନ୍ତି
ଆଠଜଣ ଯୁବକ ?

ଗଣେଶ ପୂଜା-
ସେମାନେ
ଗଣେଶ ମୂର୍ତ୍ତି ପଛରେ,

ଛୋଟ ଛୋଟ ଚୋରା ଗ୍ଲାସ୍‌ରେ
ସୁରାପାନ କରିଛନ୍ତି,
ଗ୍ଲାସ୍ ପଡ଼ିଯିବାର ଝଣ୍‌ଝଣ୍‌ରେ
ଖୋଳପା ଭାଙ୍ଗିଯାଏ ବୋଲି

ସତ୍ୟର;
ବର୍ମ ପିନ୍ଧା ଅସଂଖ୍ୟ ସୈନିକଙ୍କ
ଇଜ୍‌ଲାସ୍‌ରେ
କ୍ଷୁଧାର୍ତ୍ତ ଓକିଲ,

ସେମାନେ
ପୃଥିବୀକୁ ବୟସ ପଚାରିଛନ୍ତି
ଏବଂ ମୁହଁ ବୁଲାଇ
ଲଙ୍ଗଳା ପଥର ଉପରକୁ ଉଠି
ଆର ପାଖର ଶିଉଳି କୁଣ୍ଡକୁ
ଓହ୍ଲାଇ ଯାଇଛନ୍ତି;

ସେମାନେ
ଦଉଡ଼ିରେ ବାନ୍ଧି
ଘୋଷାରି ନେବାଲାଗି ଚାହିଁଛନ୍ତି
ଆତତାୟୀ ଅବିଶ୍ୱାସକୁ ଯାହା
ଉଚ୍ଚପଦସ୍ଥ ପିତାଙ୍କ ପକେଟ୍‌ରୁ
ଟଙ୍କା ଚୋରିରେ ନାହିଁ,
ଅସଂଯତ ଗର୍ଭବାସରେ ନାହିଁ,
ବାନ୍ଧବୀର ।

ଚାକିରୀର ବାବଦୂକ ଅପରାହ୍ନ,
ବିଷନୀଳ ଧୂଆଁର ବେଷ୍ଟନୀ,
ଟେବୁଲ୍ ତଳେ ଅପମାନ-
ଖାଲି ଫାଙ୍କା ପାଇଣ୍ଟର
ପବନରେ ହଲେ, ଗଡୁଥାଏ ।

ଆଠଜଣ ଯୁବକ
ଏକ କଳା ଆମ୍ବାସାଡର୍‌ର

ପରୀକ୍ଷାଗାରରେ,
ନିର୍ଲିପ୍ତ ଫିକା ଆଲୁଅରେ
ପରସ୍ପରକୁ ଅନାଇଁ
ଖଟେଇ ହୁଅନ୍ତି,
ଖସନ୍ତି
ଅନ୍ଧାରର ପାଣିରେ
ତଳକୁ
ତଳକୁ
ଗଭୀରକୁ
କେଉଁ ମୃତ ସଭ୍ୟତାର
ଅକ୍‌ଟୋପସ୍ ଅଧ୍ୟୁଷିତ
ଶୟନ କକ୍ଷକୁ ।

ଆଠଜଣ ଯୁବକ
ଛାଡ଼ି ଯା'ନ୍ତି ପୃଥିବୀର
ସମ୍ଭ୍ରାନ୍ତ ମ୍ୟୁଜିୟମ୍‌ରେ
ବିବର୍ଣ୍ଣ ଫଟୋଗ୍ରାଫ୍-
ଆଠଜଣ ଯୁବକ
ଅନ୍ଧାର ବର୍ଷା ରାତିରେ
ନଦୀ କୂଳରେ
ନିର୍ଲିପ୍ତ ଫିକା ଆଲୁଅରେ-
ଆଗତ ପ୍ରାୟ
କୀଟମାନଙ୍କ ପାଇଁ ।

ନଈ ସେପାରି

ନଈ ସେପାରି ବଜାରରୁ କିଣା ତା'ର
ନାଲି ନେଳି ଖଡ଼ି ଦି'ଖଣ୍ଡ,
ଗୁଲର୍, ତାସ୍ ଓ ଜଳଛବି,
କାନ୍ଦୁରୀ ସାନ ଭଉଣୀ ପାଇଁ
ଯୋଡ଼େ ମୟୂର ମିଠେଇ,

ଗାଁ ମୁଣ୍ଡ କନ୍ଦିରେ
ଛାପ୍ ଛାପ୍ ଜହ୍ନ ଆଲୁଅରେ କୋଉଠି
ପଡ଼ିଯିବା ପରେ

ଓସ୍ତ ଗଛରେ ରହିଲେ ଚିର୍ଗୁଣୀମାନେ,
ନଈ ଚଡ଼ାର କାଶତଣ୍ଡି ବଣରେ
ବୁଲାଚଲା ତରା
କୁନି ନାନୀର ଭୂତ,
ଲକ୍ଷ୍ମଣର ବାପା ଆଉ ଫେରିଲା ନାହିଁ ଆସାମ୍‌ରୁ;
ଆଖୁ କିଆରୀ ଭାଲୁ ଖାଇଗଲେ।

ସବୁ ଏମିତି ବଦଳିଯାଏ ଜହ୍ନ ଆଲୁଅରେ,
କିଶୋର ଦେହର ନିପଟ ମଫସଲ୍‌ରେ।
ନିଦ ଘୋର୍ ଭିତରେ ମାଟି ଧସିପଡ଼େ,
ଖତଗଦାର ତେନ୍ତୁଳି ମଞ୍ଜି ଫୁଲୁଥାଏ,
ବାଲି ଶେଯରେ ସେ କଡ଼କୁ ମୁହଁ ବୁଲେଇ
ନଈ ଶୋଇପଡ଼େ, ଉଠେ, ବହିଯାଏ ପୁଣି ଶୁଖିଯାଏ।

କୟାଁ ଗଛ ଅଗରେ

କୟାଁ ଗଛ ଅଗରେ ଶିର୍ ଶିର୍ ପବନ
ଆମର ହାତ-ଅପହଞ୍ଚ ସୁଖ ପରି,
ଯଦି ସେତକ ହିଁ ସବୁ
ବୁଢ଼ା କଣ୍ଡକ୍‌ଟର୍‌ର ଖୁଁ ଖୁଁ କାଶ ଭିତରେ
ହଳଦୀ ବସନ୍ତ ଉଡ଼ିଯାଏ,
ଧୂଆଁର ପର୍ଦ୍ଦା ଆରପାଖେ
ସୂର୍ଯ୍ୟ ଦିଶେ ଯେମିତି ଆଉ ଗୋଟାଏ ପୃଥିବୀ
କଅଁଳ ଉଜ୍ଜ୍ୱଳ ଘାସର !

କାହିଁକି
କାହିଁକି ଏତେ ହଟଚମଟରେ ଗାଈଆଳ,
ତମ ଗାଁ ଏଠୁ କେତେ ଦୂର ?
ନଦୀର ତୀକ୍ଷ୍ଣ ବାୟୋନେଟ୍ ଅଗରେ
ଚେନାଏ ମାଂସ
ତମ ଗାଁ ?

ବିଲମାଳରେ

ବିଲମାଳରେ ଅଟକିଗଲା ଟ୍ରେନ୍,
ଆଗର ବ୍ରିଜ ଭାସିଯାଇଛି ବନ୍ୟାରେ,
ଇଞ୍ଜିନ୍ ଅସ୍ଥିର।

ତୋ'ର ସମସ୍ତ ନୀଳ ରଂଗର ଲଫାଫା
ଆକାଶ ପରି ବିଛାଡ଼ି ଦେଇ ଚାରି ପାଖରେ
ମୁଁ ବସିଛି-ଶୂନ୍ୟତାର ସମ୍ରାଟ୍।

ଆମ ଧୈର୍ଯ୍ୟର ବନ୍ଧ ଭାଙ୍ଗିଯିବା ଆଗରୁ,
ମା' କୋଳର ଶିଶୁଟି ଶୋଇପଡ଼ିବା ଆଗରୁ,
ଖରା ଲେଉଟିବା ଆଗରୁ
କ'ଣ ଟ୍ରେନ୍ ଛାଡ଼ିବ ?
ହେ ବୁଢ଼ା, ଅନ୍ତତଃ ତମ ଡାଲାରୁ
ଜାମୁକୋଳିତକ ତ ବିକ୍ରୀ ହୋଇଯିବ !

ଦୂରର ବାଲିବନ୍ତ

ଦୂରର ବାଲିବନ୍ତ ଉପରେ
ଗୋଟିଏ କଙ୍କି ନିଶ୍ଚେ ଉଡ଼ିବୁଲୁଛି,
କାଶତଣ୍ଡିର ବେକରେ
ଗେରୁଆ ପାଣିର ଫେଣ ଲାଗିଛି।

ନହେଲେ ଆମର
ଗୋଡ଼ ଖସି ଯାନ୍ତାଣି କାଦୁଅରେ;
ଟିକେଟ୍ ଯାତ୍ରୀର ମୁହଁରେ
ଝାଳ ଥା'ନ୍ତା, ଆଖିରେ ଥା'ନ୍ତା
ମିଛ ଦମ୍ଭର ଦୃଷ୍ଟି।

ସବୁ ଉପଚାର ଦେଇ ତ
ପଠାଇ ଦେଇଛ ଆମକୁ -
ପ୍ୟାଣ୍ଟ୍ କୋଟ୍ ଓ ଛୁରି,
କମଳା ଓ ସିଗାରେଟ୍,
ପୁତ୍ର କଳତ୍ର, ସ୍ୱପ୍ନରେ
ନୀଳ ସବୁଜ ପରୀ।

ଖାଲି ଟିକିଏ କହିଥା'ନ୍ତ
ଜୋର୍‌ଦାର ଶବ୍ଦରେ-
ମୁଁ ଅଛି।

ତୋ' ନଅର କାନ୍ଥର ଦୃଶ୍ୟାବଳୀ
ଯଥେଷ୍ଟ ନୁହେଁ ରେ ରାଜା!

ଶେଷ ଦୃଶ୍ୟ

କୌଣସି ଶେଷ ଦୃଶ୍ୟ
ଏମିତି ମିଳାଇ ଯାଏ ନାହିଁ କୁହୁଡ଼ିରେ ।
ପ୍ରଥମେ ପ୍ରଥମେ
ହାତ ଗୋଡ଼ ଥରେ;
ଗଭୀର ଦେହର ଉପତ୍ୟକା,
ଗଛଲଟା, ପାଣିକୁଣ୍ଡ, ଏପରିକି ମନ୍ଦିରର ଚୂଡ଼ା,
ମାଛି ଭଣ ଭଣ,
ସ୍ତୋତ୍ର,
ସରକାରୀ ତହବିଲରୁ ତୋଷରପାତ ଇତ୍ୟାଦି......

ସବୁ ଗୋଟେ ଗୋଟେ ଦୃଶ୍ୟ ।

କେତେବେଳେ ଚକାପାଣ୍ଠି ମାଡ଼ି,
'ମାଧବ, ମାଧବ ।'
ନିଜେ ଚାରିପାଖେ,
ନିଜେ ମଝିରେ ଯେମିତି ଦକ୍ଷିଣର ସହରରେ
ହୋଟେଲ୍‌ର ଚାରିକାନ୍ଥ ଖାଲି ଦର୍ପଣ
ଖାଲି ଦର୍ପଣ ।

ତମେ ସମସ୍ତେ ଖାଇଚ, ଖାଇଚ ପିଲାଏ ?
ରୁମାଲ୍ ଉଡ଼ାଅ, ଫୂର୍ତ୍ତି କର, ପ୍ରେମ କର
କଣ୍ଡକ୍‌ଟର ସାଙ୍ଗରେ ଝଗଡ଼ା କର;

କୁହୁଡ଼ି...

ଟ୍ରେନ୍ ଯାଉ, ଚାଲୁ
ଏ ତ ଶେଷ ଟ୍ରେନ୍ ନୁହେଁ ଦକ୍ଷିଣର ସହରକୁ,
ଯଦିଓ ରାତି ତିନିଟା
ଚାରି କାତ ମେଲାଇ ସ୍ଵିଟ୍ଚୁନ୍ କଡ଼େ ..

ଆଶ୍ୱାସନା, ଅଭିଶାପ,
ଛାଇଙ୍କର ସ୍ୱାସ୍ଥ୍ୟ ହାନି,
ଘୋଡ଼ାର ଘଷରା ନାଲ,
ମନ୍ତ୍ରଣାମୟ ଆକାଶ,
ଜଳନ୍ଧର ସିଟିର କବଚ।

ଟ୍ରେନ୍ ଚାଲୁ
ଯାଇ ଯାଇ ତ କାନ୍ଥ ଯାଏଁ...

କୁହୁଡ଼ି

କାନ୍ଥ ବି ତ ଶେଷ ଦୃଶ୍ୟ
ନୁହେଁ, ନୁହେଁ, ନୁହେଁ।

ଜୀବନ ଚିନ୍ତା

ସେ ମୋର ଚାରି ନମ୍ବର ବିଫଳତା ବୋଧହୁଏ :

ଛାପ୍ ଛାପ୍ ଆଲୁଅରେ ବୟସ୍କା କ୍ଷମାର
ବହୁଦିନୁଁ ବନ୍ଧା ବେଣୀ ଖୋଲି ଦେବାର ଆଗ୍ରହ,
ସମୟର ଫାଙ୍କରେ ପୂରାଇ ଅବିନଶ୍ୱର ହାତଗୋଡ଼
ଭରି ଦେବାର ସଦିଚ୍ଛା।

ନିୟମ କାନୁନ ମୋତେ ଜଣା ନାହିଁ, ପ୍ରଭୁ,
ଯାହା ମୋର ଲୋଭ ମୋର ଯାହା ପରିଚିତ
ଗୋଟାଇ ଆଣିଚି କ୍ଷୁବ୍ଧ ବୟସ ସୀମାରୁ,
ଜଗୁଆଳି ଅନ୍ୟ ଆଡ଼େ ଚାହିଁଥିଲା ବେଳେ।

ତମେ ମୋର ବିଫଳତା, ତମେ ଆମ ବାଡ଼ିଆଡ଼
ବାଉରି ସାହିରେ ଥିବା ଏକୁଟିଆ କେନ୍ଦୁ ଗଛ,
ତମେ ମୋର କୋଟିକେ ଗୋଟିଏ ଛକ ଚିହ୍ନ ଲୁଚି ରହିଥିବା।
ସିଗାରେଟ୍ ଖୋଳ,
ତମେ ମୋର କ୍ଳାନ୍ତ ପୁରସ୍କାର।

ସେ ସେମିତି ଚଙ୍ଗ୍ ଚଙ୍ଗ୍ ଚାହାଣୀ ଫୋପାଡ଼ି
ଏପାଖେ ସେପାଖେ, କହେ 'ଆସୁଚି, ଆସୁଚି।'
ମୁହଁଯାକ ବୋକା ଯାଦୁକରର ଚାଲାକି,

କୋଟ୍‌ର ହାତ ଭିତରେ ଲୁଚି ରହିଥିବା ଅଣ୍ଡା
ତଳେ ପଡ଼ି ଭାଙ୍ଗିଯିବା ପରେ ହସରୋଳର ଭିତରେ
ସିଏ ଖସି ଚାଲିଗଲା ବାଡ଼ ଡେଇଁ, ହିଡ଼ ଡେଇଁ
ଗଦ୍‌ଗଦ ଗେଟ୍‌ର ବାହୁପାଶ ଡେଇଁ,
ମୋକ୍ଷଲୋଭୀ ସଡ଼କର ଆତୁରତା ଡେଇଁ,
ନଦୀ ପର୍ବତ ଡେଇଁ, ବର୍ଷର ବାରିଧି ଡେଇଁ

କୂଳ ଡେଇଁ ଜାତି ଡେଇଁ, ବୁନିଆଦ୍ ଅହଂକାର ଡେଇଁ,
ବିନ୍ଦୁଏ ସ୍ଥିର କପୋତ ଦୂର ଆକାଶରେ।

ତା' ପରେ ତୀକ୍ଷ୍ଣ ଦୃଷ୍ଟି ଝିଟିପିଟି ଚାହେଁ,
ଉଦରସ୍ଥ କରି ଥୋକେ ବେଜାତି ପୋକ ପତଙ୍ଗ
ଝିଟିପିଟି ଭାବେ, ଚାହେଁ, କହେ ବୋଧହୁଏ
ଡାକ୍ତରଙ୍କ ପରି 'ଯାହା ହେଉ ଭଲ ହେଲା
ଏମାନେ ଭଲ ହୋଇଗଲେ ସେ ରୋଗରୁ,
ରୋଗ କ'ଣ ? ଭୀଷଣ ଓ ଭୟଙ୍କର ଜୀବନ, ଜୀବନ।

ଶଶିଦେଈ କାନ୍ଦ

ମୁଁ ଚାହିଁ ନ ଥିଲି ସେମିତି କିଛି
ଚାହିଁ ନ ଥିଲି ସେମିତି କିଛି ଘଟୁ :
କ୍ୟାଲେଣ୍ଡର୍‌ର କିଛି ଗୋଟାଏ ତାରିଖ
ଚାରି ପାଖରେ ପେନ୍‌ସିଲ୍‌ରେ ଗୋଲ୍ ବୁଲୁ,
ଆଶ୍‌ଟ୍ରେର ଆବର୍ଜନା ବାହାରେ ଫିଙ୍ଗିଲା ପରେ
ହାତ ଫେରି ଆସି ଚାପି ରହୁ ମୋ' ଛାତିରେ।

ମୁଁ ଚାହିଁ ନ ଥିଲି ସେମିତି କିଛି ଖାଲି ଯା'
ମୋ' ସାନ ଝିଅକୁ ଗାଧୋଇଦେଲା ବେଳେ
ଚୁଡ଼ି ଭାଙ୍ଗିଯାଇ ଗେଞ୍ଜି ହୋଇଯାଏ କଚଟିରେ,
ରକ୍ତ ବାହାରେ।

ଛତରା, ଲମ୍ବା, ହସକୁରା ସେ ଟୋକାଟା
କବାଟ ବାଡ଼େଇଲା ପରି ଶୁଭେ,
ପର କ୍ଷଣରେ ଶୁଭେ ଆଇସ୍‌କ୍ରୀମ୍ ବାଲାର ଡାକ,
ମୋ' ଝିଅର ଗାଧୁଆ ସରିଯାଏ।

ମାର୍ଚ୍ଚର ପ୍ରଥମ ଝରା
ତାତିଲା ଦ୍ୱିପ୍ରହର,
ଅଇଁଠା ଥାଳିରେ ମାଛକଣ୍ଟା ପରି ମୁଁ
ଖଟ ଉପରେ। ସ୍ୱାମୀ ବାହାରେ, ଡ୍ୟୁଟିରେ।

କୋଉ ଦୂରରୁ ହଠାତ୍ ଗାଡ଼ିର ଶବ୍ଦ,
ମୋ ନାହିଁ ମୁଣ୍ଡାରୁ, ମୁଣ୍ଡର ଗହୀରରୁ;
ସିପେଇ ପରି ସିଧା ଠିଆ ହେଇଗଲେ ମୋ' ହାତର ରୁମ,
ମୁଣ୍ଡ ଭିତରେ ଘଣ୍ଟା ପିଟିହେଲା।
ସେ ଆସି ପହଞ୍ଚିଲା ବାରନ୍ଦାରେ,
ଛତରା, ଡେଙ୍ଗା, ହସକୁରା, ଯୋତା ମଚ୍‌ମଚ୍,
ମୋ ସାନ ଝିଅ ମୁଣ୍ଡ ଗୁଞ୍ଜିଦେଲା
ମୋ ଛାତିରେ, ବଡ଼ଟି
କଣ୍ଢେଇ ଫିଙ୍ଗିଦେଇ ପାଟିକଲା
'ମା! ବାପା ଆସିଲେ, ବାପା ଆସିଲେ।'
ମୁଁ ଜାଣେ, ଜାଣେ କିଏ ଆସିଲା, କିଏ ଗଲା
ସାତ ବର୍ଷ ତଳର ମାର୍ଚ୍ଚରେ।

କବାଟ ଅଳ୍ପ ମେଲା କରି ଦେଖେ ସେ ହସୁଚି,
କାଚ ଗ୍ଲୋବ୍ ଭିତରେ କଣ୍ଢେଇ ପରି ସେ ସାନ ଦିଶୁଚି,
ରୋଗୀ ଦିଶୁଚି, ଭୋକିଲା ଦିଶୁଚି, ଶୂନ୍‌ଶାନ୍।

ପାଣିଗ୍ଲାସ୍‌ଟା ଅଧା କରି ସେ ରଖିଲା ଟୁଲ୍ ଉପରେ,
ମୋ ମୁହଁକୁ ଚାହିଁଲା ତୀବ୍ର ଆଖିରେ,
ଚେପ୍‌ଟା ଓଡୋମସ୍ ଟ୍ୟୁବ୍‌ଟା
ଏପାଖ ସେପାଖ କଲା ହାତରେ,
ହାତଯୋଡ଼ାକ ଚୌକି ପଛରେ ଟେକି ବୋଧେ
ଦୀର୍ଘ ନିଃଶ୍ୱାସ ନେଲା। ବାହାରେ
ଆଇସ୍‌କ୍ରୀମ୍ ବାଲାର ଡାକ ଶୁଭିଲା।

ନବଘନକୁ ପଠାଅ ପାନ ଆଣିବ,
ନବଘନ ଚାଲିଗଲା;
ପିଲେ ତମେ ଯାଅ ଗାଡ଼ିରେ ବସିବ,
ପିଲେ ଚାଲିଗଲେ;

ଈଶ୍ୱର ଆପଣ ଯା'ନ୍ତୁ ହାତୀକି ଧରିଚି କୁମ୍ଭୀର,
ଈଶ୍ୱର ଚାଲିଗଲେ;
ଏ ବଖରାର ଅଦୃଶ୍ୟ ଜଗୁଆଳି ସବୁ ଚାଲିଯାଅ,
ଅଦୃଶ୍ୟ ଜଗୁଆଳି ସବୁ ବେଶୀ ଅଦୃଶ୍ୟ ହେଇଗଲେ,
ଅଇନା, ଝିଟିପିଟି ଓ ଅନ୍ୟାନ୍ୟ ପୋକଜୋକ
ତମେ ସମସ୍ତେ ଆଖି ବୁଜିଦିଅ,
ସେମାନେ ସମସ୍ତେ ଆଖି ବୁଜିଦେଲେ;
ମୁଁ ବି।

ତା' ପରେ
ତୋଫାନ୍ ବହିଗଲା ଚାନ୍ଦିପୁର ସମୁଦ୍ର କୂଳେ,
ମେଲ୍ ଗାଡ଼ି ଚାଲିଗଲା ପୋଲ୍ ଉପରେ,
ମେଲଣ ପଡ଼ିଆରେ ଫାୟାରିଙ୍ଗ୍ ହେଇଗଲା,
ସ୍ୱାମୀଙ୍କ ବ୍ୟବହାରରେ କିଛିଟା ମଳିନ ମୋର ସର୍ବସ୍ୱ
ଛିନ୍‌ଛତ୍ର।

ଯା' ଯା' ଯାଅ ତମେ ଚାଲିଯାଅ,
ଯେ' ଯୁଆଡ଼େ ଯାଇଚନ୍ତି
ଫେରି ଆସନ୍ତୁ ଏ ବଖରାକୁ,
ଆଉ
ସମ୍ଭବ ହେଲେ
ତମେ ବି।

ଏପ୍ରିଲ୍

ଦୁଇ କି ତିନ୍‌ରେ ସେ ଆସିବ (ହଁ, ହଁ, ବସ୍‌ରେ)
ବୋଧେ ଆସି ପହଞ୍ଚିବ ନିସ୍ପନ୍ଦ ଖରାବେଳେ,
ନା ସେଦିନ ବର୍ଷା ହେବ ? ଓଦା ଗେଟ୍ ଖୋଲି ତା'ର
ଓଦା ହାତ ବଢ଼ାଇବ ନିପଟ ସ୍ନେହରେ ?
ସେଦିନ କ'ଣ ମୋର ଭୋକ ଥିବ ଏପରି ଉଦ୍‌ବାର୍ଯ୍ୟ ?
ପଶ୍ଚିମ ଆକାଶ ଥିବା ଖାସିକଟା ଜାଗା ପରି ଲାଲ୍ ?

ପୋଷ୍ଟମ୍ୟାନ୍ ଚାଲିଗଲାଣି ତା'ର କପଟ ଉଦାସୀନତାର
ଦୃଷ୍ଟିରେ ଦେଖିନେଇ ମୋର ଲଫାଫା ଚିରିବା,
ଚିଠିଟା ଏବେ ପତଳା ପାପୁଲିଟେ ପରି ଟେବୁଲ୍ ଉପରେ
କିଛି ଚୋରା ପବନରେ ଚିଠିର ପାତଳ ଓଠ ଥର ଥର,
ଅଧା ପିଆ ଏକାନ୍ତ ପାଣି ଗ୍ଲାସ୍ ଭିତରେ ସମୟ ଶୃଙ୍ଖଳିତ
ଅବଶ୍ୟ ବାହାର ପୃଥିବୀ ଚିରାଚରିତ ଉଦ୍‌ବେଗରେ ମୁଖର ।

ସେ ଆସିଲେ କ'ଣ ହେବ ସର୍ବଜ୍ଞ ଈଶ୍ୱରଙ୍କୁ ମାଲୁମ୍,
ଗଳିମୋଡ଼ ଦୋକାନରୁ ଧୂଆଁପତ୍ର ଚୋରି କରୁଥିବା ବୁଢ଼ା,
ତିନି ଟଙ୍କାରେ ଯୌବନ ବିକିଥିବା ଅପମାନରେ ଭାରାକ୍ରାନ୍ତ
ବିନୋଦିନୀ ସାହୁ କି ସେଦିନ ମୁକ୍ତି ପାଇଯିବେ ?
ଇଟା ଫାକ୍ଟରିରୁ କାମ ସାରି ଫେରୁଥିବା ଛାୟାମୂର୍ତ୍ତିମାନେ କି
ରାସ୍ତାରେ ଅଟକି ଦେଖିବେ ଏକ ଉଜ୍ଜ୍ୱଳ ଫୁଲ ଫୁଟିବାର ହିଂସ୍ରତା ?

ପରିତ୍ୟକ୍ତ ଭଙ୍ଗା ପ୍ରାସାଦର ପାହାଚରେ ଭ୍ରମର
ମରି ପଡ଼ିଥିବା ଆମର ଇହକାଳର ଆକୃତି ପରି,
ଶୀର୍ଣ୍ଣ ନଦୀତଟରେ ଏକାଠି ହେବେ ଦେହର କୋମଳ ଶ୍ୱାପଦ ସବୁ
ମଧ୍ୟ ରାତ୍ରିରେ, ମୁହ୍ୟମାନ ବିଶାଳ ଚନ୍ଦ୍ରର ପକ୍ଷ ତଳେ,
ପୋଷ୍ଟମ୍ୟାନ୍‌ର କାମ ବଢ଼ିବ ଯେମିତି ଜ୍ୟୋତିଷୀଙ୍କର,
ଆହା ଆମର ଅବାକ୍ ନୀଳ ଗ୍ରହ ଛିଟ୍‌କିଯିବ ମହାଶୂନ୍ୟରେ।
ଏ ସମସ୍ତ କି ଖାଲି ମନଗଢ଼ା କଥା କ୍ଲାନ୍ତିର, ବିରକ୍ତିର ?
ଏକ ମଳିନ ନିୟମର ସଙ୍ଗୀତ ଶୁଣି ଶୁଣି ଚେତନା ଅବସନ୍ନ
ଯେହେତୁ ?
ସେ ଆସିବା କେବଳ ସମ୍ଭାବନା ଏପ୍ରିଲ୍‌ର ହାତରେ
ଗୋଟାଏ ଚକ୍‌ମକ ଲାଲ ପଳାଶ କଢ଼। ଅବଶ୍ୟ
ଏପ୍ରିଲ୍ ସତ୍ୟ, କାହାର ଆସିବା ହେଉ ବା ନ ହେଉ।
ସମତଳ ସମୟର ଅଚାନକ ଝୁଣ୍ଟି ପଡ଼ିବା ପଥର।

ସେ ଆସି ପହଞ୍ଚିବା ତେଣୁ ଆମର ମୃତ୍ୟୁ ସାଙ୍ଗେ ସମାନ।
ଅଥଚ ଶୁଣ ସେ କେଡ଼େ ଆହ୍ଲାଦିତ ପର୍ଦ୍ଦା ଆରପାଖରେ।
ଏପ୍ରିଲ୍‌ରେ ନାଁ କମେଇଥିବା ବହୁ ପ୍ରଚଣ୍ଡ ପଥିକ
ଗଲାବର୍ଷ ଏମିତି ଅନ୍ୟତ୍ର ଚାଲିଗଲେ, ହଜିଗଲେ।
ସତ୍ୟ ଏପରି ବିପଜ୍ଜନକ, ସେ କହୁଚି, ଯଦି ଥରଟେ
ନ କହିବ ଏପ୍ରିଲ୍ ମୋର ବିଛଣା, ଏପ୍ରିଲ୍ ମୋର ଘର।

ଦାର୍ଜିଲିଂ

ତମର ପ୍ରେମ ପାଇଁ ସୁପର୍ଣ୍ଣା,
ଦାର୍ଜିଲିଂ,
ବର୍ଷାରେ ସଙ୍କୁଚିତ ଆକାଶ ଓ ସମୟ ।
ତମର ଉଚ୍ଚାଟ କୋହ ପାଇଁ, ସୁପର୍ଣ୍ଣା,
ଦାର୍ଜିଲିଂ;
ଉନ୍ମାଦ ଆଲୋକରେ ନିରବଚ୍ଛିନ୍ନ ଉପତ୍ୟକା ।

ତମର ହତ୍ୟା ପାଇଁ ସୁପର୍ଣ୍ଣା;
ଦାର୍ଜିଲିଂ
ଅସୂର୍ଯ୍ୟଂପଶ୍ୟ; ନିବିଡ଼ ଗିରିକନ୍ଦର, ଉତ୍‌କଟ
ହାତର ବେଷ୍ଟନୀ; ଶୂନ୍ୟ ପାନଶାଳାରେ; ସୁପର୍ଣ୍ଣା,
ଦାର୍ଜିଲିଂ;

ଆଜି ମୋର ହାଡ଼ର ଗେଟ୍ ପାଖରେ
ଭିକ୍ଷୁଣୀ ମୋ'
ରକ୍ତର ନଦୀ ବନ୍ଧରେ ବିପନ୍ନ ଗୁପ୍ତଚର;
ମୋ କ୍ଷତରେ ଉତ୍‌କୀର୍ଣ୍ଣ
ସୈନିକର ମୁହଁ ।

ମୋର ପୁଣି ପରାଜୟ ? କାହିଁ ? କେଉଁଠାରେ ?

ଅନ୍ଧ ମହୁମାଛି

ଯଦି ତମେ ଦାର୍ଜିଲିଂ
ଯଦି ତମେ ଅପହୃତ କ୍ଷମାର ଶେଷ ଝଲକ୍
ସୁଦୂର ସୂର୍ଯ୍ୟାସ୍ତରେ
ମୋର ସମସ୍ତ ବିଳମ୍ବିତ ପୃଥିବୀ
ତମ ନାଭିରେ
ମୃତ୍ୟୁ ପରି ଚିକ୍କଣ, ଗଭୀର।

ପରାଜୟ

ତମେ ଅବଶ୍ୟ
ବଦଳାଇ ଦେଇ ପାର
ବିଛଣା ଚଦର
ଭୁଲ୍‌ମାନଙ୍କର ଗୌଣ ପରୀକ୍ଷାରେ
ସାମାନ୍ୟ ଇତର।

ମୁଁ କିଛିଟା କ୍ଳାନ୍ତିରେ
ଦେଖିଚି ଯେ
ଆତ୍ମସମର୍ପଣର ମୁହୂର୍ତ୍ତ
ସବୁ ଚାଲିଗଲେ,
ସୁନା ପରି ଦାଉ ଦାଉ ଜଳି
ବର୍ଷାର ଶାଣ ଦିଆ
ଦିଗ୍‌ବଳୟରେ।

ହତ୍ୟାକାଣ୍ଡ ଭିଆଇବା ଇଛା ହୁଏ
ଯଦିଓ ମୁଁ ଖାଲି
ଟ୍ୟାକ୍‌ସିକୁ ଅପେକ୍ଷା କରେ।

ଆଉ କିଛି ସମୟ ପରେ
କେବଳ ଗଛଟା

ଏକାନ୍ତ
ଠିଆ ହୋଇ ରହିବ ଅଥବା
ବେବାକ୍ ଘୂରିବ
ପାଗଳ ଟ୍ରେନ୍‌ଟେ ପରି
ହ୍ରଦ ଚାରିପାଖେ
ଏବଂ ସବୁ ବଖରାରୁ
          ମୁର୍ଦ୍ଦାରର ଦୁର୍ଗନ୍ଧ ଆସିବ।
ରକ୍ତ ହାଡ଼ ରକ୍ତ ହାଡ଼ ରକ୍ତ ରକ୍ତ
ଏବଂ ମୁଁ ସେମାନଙ୍କୁ ଦେଖିଚି ଫେରିବା
ଶୁଖିଲା ଚିକ୍‌କଣ
          (ଓ ରେଶମୀ ପରାଜୟ ପରି)
                    ବାଘ ଛାଲ ଖଣ୍ଡେ ଧରି।

                    ଡେଉଁଥିବା ହରିଣଙ୍କ ଛାଇରେ ପୂର୍ଣ୍ଣ
                    ଶୂନ୍ୟତା
                    ତମ ମୋ ଭିତରେ,
                              ନିରୀହ କପୋତ,
                              ଛାତିରେ ନିବିଡ଼ ଏତେ ସମ୍ଭାବନା,
                              ଖେଳ ସୁରୁ କର।

ତମ ସାଙ୍ଗରେ ଦିନଟେ

ଭାସିଯାଉ
ବୁଡ଼ିଯାଉ
ନଷ୍ଟଭ୍ରଷ୍ଟ ହୋଇଯାଉ
ଯା' ହେଉଚି ହେଉ ଏ ସମୟର; ଶତାବ୍ଦୀର...

ତମ ସାଙ୍ଗରେ ଦିନଟେ
ମାନଚିତ୍ରରେ ନ ଥିବା ସହରରେ
ଏକାନ୍ତ ଅପରିଚିତ ବଖରା; କାନ୍ଥରେ
ସବୁଠାରୁ ସାନ ପୋକଟି ମଧ୍ୟ
ପ୍ରଜାପତି ହେବାରେ ବ୍ୟସ୍ତ।

ନିରୁପାୟ ଶୀତଦିନ ବୋଲି
ତମ ହାତକୁ ଫିଙ୍ଗି ଦେଲି ମୋ ଦେହ,
ଘୋଡ଼ାଇ ପକା' ନିଜକୁ
ଉଷୁମ୍ କୁହୁଡ଼ିରେ,

ମୁହଁ ଓ ମୁହଁର ଏତେ ଘନିଷ୍ଠତା ଯେ
ସାମାନ୍ୟ 'ନାଁ'ଟି ବା 'ହଁ'ଟି
ଖସିଯାଇ ପାରିନାହିଁ, ଉଡ଼ିଯାଇ ପାରି ନାହିଁ,
ସାରା ବେଳ ମୋ' ଆଙ୍ଗୁଠିର ଚଢ଼େଇ
ଫରଫର ତମ ଦେହର ଘଞ୍ଚ ବାଳରେ,

ଏଇ ହାତ ଖଣ୍ଡକ ତମର ନା ମୋର ?
ଜିଭ ତମର ନା ମୋର ?
ମୋର ମୋର ତମର ତମର ।

ପରେ ଶୁଣିଲି, ସେଦିନ ସନ୍ଧ୍ୟାରେ କୁଆଡ଼େ
କବି ସମ୍ମିଳନୀ ହେଲା, ଛ' ଋତୁ ବର୍ଣ୍ଣନା,
ବିଶ୍ୱ-ରୂପ ଦର୍ଶନ ଓ ଜନ୍ମମୃତ୍ୟୁ ଖେଳ,
କବିଏ ଆବୃତ୍ତି କଲେ ଶାଲ୍ ଘୋଡ଼ି ହୋଇ ।

ପରେ ଶୁଣିଲି, ସେଦିନ ବାଂଲା ଦେଶରେ
ଦଶଲକ୍ଷ ଲୋକ ମଲେ ଭୋକ ଉପାସରେ,
ପ୍ରେସିଡେଣ୍ଟ ଫୋର୍ଡ୍ କଲେ ଯୁଦ୍ଧର ଘୋଷଣା,
ଇସ୍କନ୍ ସଂପ୍ରଦାୟ ଇଥିଓପିଆ ଗଲେ ।

ଅଥଚ
ତମ ସାଙ୍ଗରେ ଦିନଟେ
ସଂକୀର୍ଣ୍ଣ, ସଙ୍କୁଚିତ,
ତମ ବ୍ୟାଗ୍‌ରେ ପଡ଼ିଥିବା
ଛୋଟ ରୁମାଲ୍ ।

ଯଦି କେବେ ଦେଖିବ ରେଲ୍ ଲାଇନ୍‌ରୁ
ଫିସ୍ ପ୍ଲେଟ୍ କାଢ଼ି ନେଇଚନ୍ତି ଲୋକେ
ଟ୍ରେନ୍ ମାଡ଼ି ଆସୁଚି,
ହାତ ଟେକି, ରୁମାଲ୍ ହଲାଇ,
ଅଟକାଇଦେବ,
ମୁଁ ଆସୁଥାଇପାରେ ସେ ଟ୍ରେନ୍‌ରେ
ଆଉ ଗୋଟିଏ ଦିନ ପାଇଁ,
ଲୋକେ ଆସୁଥାଇପାରନ୍ତି ଅନେକ
ଦିନ ଲାଗି । ବିପୁଳ ପୃଥ୍ୱୀ ତ

ପୁଣି ଭର୍ତ୍ତି ହେବ! ଯଦିଓ
ସମସ୍ତେ, ସବୁ ଘଟଣା କ୍ରମେ କ୍ରମେ
ତମ ଅଜାଣତରେ ଦେଖିବ
ଦାନା ବାନ୍ଧି ଯାଉଚି ସାମାନ୍ୟ, ସଙ୍କୁଚିତ ସତ୍ୟରେ।

ତମ ସାଙ୍ଗରେ ଦିନଟେ।

ଉତ୍ତରାଧିକାର

ମୁଁ କେତେ ଜଗିବି ତାକୁ ?
ସନ୍ତର୍ପଣେ ଘୋଡ଼ା ବା ମନ୍ତ୍ରୀକି
ଘୁଞ୍ଚାଇବା ବେଳେ ଅବା
ଅସହାୟ ଦରଖାସ୍ତ ଲେଖୁଥିବା ବେଳେ,
ସାୟାହ୍ନର ସମୁଦ୍ର ଦାଢ଼ରେ ଆସି ଭାସି ଭାସି
ଲାଗିଥିବା ଅକସ୍ମାତ୍ ଅତିଥି ସାଙ୍ଗରେ ପାଦ
ଓଦାକରି ଗପସପ ହେଉଥିବା ବେଳେ
ଖସି ଚାଲିଯାଏ।

ଅବଶ୍ୟ ଧୈର୍ଯ୍ୟ ପ୍ରାଚୀନ,
ଖାତା ପତ୍ର ଚିଠି କାଗଜରେ
ଟେବୁଲ୍ ଅଡୁଆ ହୁଏ

ମୋ ଚୌଦ ପୁରୁଷଙ୍କ ଇତିହାସ ପରି,
ସାମାନ୍ୟ ହାତ ଲଗାରେ ସବୁ ପୁଣି ଠିକ୍ ଠାକ୍
ଯେ ଯା'ର ଥାକରେ,
ମେଲେଛ କାନ୍ଥ ଉପରେ
ଦିକ୍ ଦିକ୍ ନକ୍ଷତ୍ର ଅମୁକ
ଜେଜେଙ୍କ କପାଳ।

ତା'ର ଚାଲିଯିବା ଯେତେ ଆକସ୍ମିକ ତା'ଠାରୁ ବୟସ୍କ
ଏ ଘରର ଖୋଲା ଦର୍ଜା।
ତେଣୁ ଖୋଜା ଖୋଜି ମୋଟେ ଦରକାର ହୁଏ ନାହିଁ,
ଜଣା ଥାଏ ସେ ନିପଟ ଗାଇଜଗା ପିଲା ପରି
ପଥରରୁ ପଥରକୁ ଡେଇଁ ଡେଇଁ ଚାଲିଥିବ
ଅବା କେତେ ଅଦୃଶ୍ୟ ସିଡ଼ିରେ ଉପରକୁ ଉଠି
ସିଟି ମାରୁଥିବ।

ଥରେ ଯାଇ ପାଇକଙ୍କ ମେଳରେ କହିଲା,
ଆସ ଦେଖ
ଆମ ରାଇଜରେ ଲକ୍ଷେ ନାରୀ ହେଲେ
ବିବସନା କାଲି,
ଶୀତର ଦାନ୍ତରେ ଗୁଣ୍ଡ ହେଲା ଆମ
ରାଜାଙ୍କ ଖପୁରୀ,
ତାତିଲା ଟିଣ ଛାତରୁ ଓହ୍ଲାଇଲା ସ୍ୱପ୍ନ ସାପଙ୍କର,
ମୂଷି ବୋହିନେଇଗଲେ ମନ୍ତ୍ରୀଙ୍କର ରେଶମ ଚାଦର।

ସବୁ ଥିଲା ମିଛ, ତାହା ମିଛ।
ଖାଲି ତା'ର ଖସି ଚାଲିଯିବା ସତ।
ବହୁରଙ୍ଗୀ ସୁବର୍ଣ୍ଣ ନୌକାରେ ଯେବେ
ସଜା ହୋଇ ଆସେ ଆମ ଉତ୍ତରାଧିକାରୀ
ଅଧିକ ସୁଯୋଗ-ସିଦ୍ଧ ଚାହାଁଣୀ ଆଖିରେ।

ହ୍ରଦ

ଅନେକଦିନୁ ମୁଁ ବାଧ୍ୟ ହୋଇଚି
ବସିବାକୁ ଚୁପ୍‌ଚାପ୍
ଏଇ ହ୍ରଦକୂଳରେ;

କଦବା କେମିତି ଥରେ
ପୌରୁଷ ଜାରି ପାଇଁ ଗୋଡ଼ିଟେ
ଫିଙ୍ଗି ଦେଇପାରେ;
ସୁପ୍ତ, ଅତିକାୟ ଅସୁର ପରି ଏ ହ୍ରଦ
ଟିକିଏ ହଲିଗଲେ, ଭିଡିମୋଡ଼ି ହେଲେ,
କି ସୁଖ। ଯାହାର ଅନ୍ୟ ନାମ ଦୁଃଖ ବେଳେ ବେଳେ।

କୋଉଠି କ୍ଳାନ୍ତି ?
ମେଘ ତ ଯାଏ, ମେଘ ପଛେ ପଛେ ଖରା;
ଜୀବନ ଯାଏ, ପଛେ ପଛେ ଏକ ଚଟୁଳ ନିଆଁର ଦିକ୍ ଦିକ୍;
ପର୍ବତ ଫାଟେ ଓ
କଙ୍କି ଇତ୍ୟାଦି ପତଙ୍ଗଙ୍କ ଉଡ଼ିବା ନ ସରୁଣୁ
ପାଟି ଖଳ ଖଳ ହୁଏ କିଛି କହିଦେବାକୁ, କାନ୍ଦିଦେବାକୁ
ଦାନ୍ତ କାମୁଡ଼ି ଛିଣ୍ଡାଇ ଦେବାକୁ ଓଠର ସିଲ୍‌କ।

ତେଣୁ ଏ ହ୍ରଦ ମିଛ ଓ ପହଁରୁଥିବା ସମସ୍ତ ହଂସରାଳି
ଗୋଟିଏ ଗୋଟିଏ ନୀରବ ଶବ୍ଦ
ଯାହାର ଅର୍ଥ କରିବା ଅର୍ଥ
ନିଜକୁ ଫାଙ୍କିଦେବା;
କଠିନ ଯନ୍ତ୍ରଣା ପେଟରୁ ଉଠୁଥିବା ବେଳେ
କହିବା ଯେ ମୁଁ ସୁଖୀ ଓ ଶାନ୍ତ
ବ୍ରହ୍ମଲାଭ ଏହିଠାରେ।

ତମେ ହିଁ ତ ବାଟ କଢ଼ାଇ ମୋତେ ଆଣିଥିଲ,
ଆହା ମୁଁ ଥରେ ଭାବିଲିନି
ଅଚିହ୍ନା ଲୋକଙ୍କ ସାଙ୍ଗେ ଆସିବା କି ବିପଜ୍ଜନକ !

'ଦେଖ୍ ଦେଖ୍ କେତେ ଲୋକ ସେ ତଳେ ଜମା
ତୋ' ଖେଳ ଦେଖିବାକୁ ।'-
କହି ଦୁଇଟା ଉତ୍ତୁଙ୍ଗ କୋଠାକୁ ଯୋଡୁଥିବା ଗୋଟେ ତାରରେ
ମତେ ଚଲେଇ ଦେଲ,
ଭସେଇ ଦେଲ, ମୋ ନାକ ଘଷେଇ ଦେଲ ।

ତମେ କି ଏଇ ହ୍ରଦର ଦେବତା, ଦୁରାଚାରୀ ନାୟକ ?
ମୁଁ ପ୍ରସ୍ତୁତ ଯେ କୌଣସି ପଡ଼ିଆର
ଖୋଲା ନିର୍ଯ୍ୟାତନା ପାଇଁ,
ମତେ ନେଇଯାଅ ।
ଏଇ ସବୁ ଦଳ ଓ ପଦ୍ମପତ୍ରଙ୍କ ତଳେ
ଯା' କିଛି ଗୋପନୀୟ
ମୁଁ ଜାଣେ ତା' ମୋର ଅଫେରା ସ୍ୱପ୍ନ ।

କେବଳ ସାନ୍ତ୍ୱନା । ମୁଁ ଏଠି ଚୁପ୍‌ଚାପ୍ ବସିଥିବା ବେଳେ ହିଁ
ସେମାନେ ଆସିଯିବେ
ହ୍ରଦ ସେପାଖ ଜଙ୍ଗଲର ଯାବତୀୟ କାଠୁରିଆ,
କହିବେ, 'ଆଜି ତୁମକୁ ଛାଡ଼ି ଦେଇ ଆସିଲୁ ଜଙ୍ଗଲ ମଝିରେ
ଶୂନ୍ୟ ପଡ଼ିଆରେ, ତମେ ଉଲଗ୍ନ ଦେବତା ପରି ଦୌଡୁଥିଲ
ଏ ପାଖ ସେପାଖ ଆମେ ବାହୁଡ଼ିବା ବେଳେ ।'

ବାସ୍ ହ୍ରଦ ଶୁଖିଯିବ ।

ଶୀତ

ଯେଉଁ କବାଟ ଖୋଲିଲି ଶୀତ, ଶୀତ
ଆୟକର ଅଫିସର୍ ପରି ଧସାଇ ପଶେ ଓ
ମୁହଁ ଚାହେଁ ନାହିଁ। ମୋ ମୁହଁରେ
ଦେଶଟା ଯାକର ଭୟ, ଆଶଙ୍କା ଓ ଅନୁତାପ, ଗ୍ଲାନି
କଲବଲ ସାହସ ଓ ରାଗ ପୁଣି ବିବ୍ରତ ଦୟିନି।

ଏତକ ତ ସବୁ।
ଏଇ ଦେହ ଖଣ୍ଡକରେ
ଯେତେ ସବୁ ଲୁଚାଛପା ଧନ, ମୂଲ୍ୟବାନ
କାଗଜପତ୍ର ଓ ଖାତା, ଅନିର୍ଦ୍ଦିଷ୍ଟ ଇଚ୍ଛା ଆଉ ଆଶା,
ଏତକ ମୁକ୍ତା ତ ମୋର ଅଜନ୍ମିତ କନ୍ୟାଟିର ହସ,
ଏତକ ମାଣିକ୍ୟ ତା'ର ଛୋଟ ଛୋଟ ଲାଲ୍ ହାତ ପାଦ,
ଆଉ ଏ ସମସ୍ତ ନୀଳା ବେକାର-
ମୋ ବ୍ୟକ୍ତିଗତ ଦୁଃଖ,
ହୀରା ସବୁ ନକଲି ମୋ ଅହଙ୍କାର ଗଢ଼ିଛି ଯାହାକୁ।

ଯଦି ଶୀତ ନେଇଯାଏ !
ନେଇଯିବ ? ନିଅ। ମୋ ଆତ୍ମାର
ମୁକ୍ତି ସେ ଓକିଲ ପରି ଯେ ଅନୁପସ୍ଥିତ
ଏଠାରେ ଅଥଚ ଯା'ର ଅପେକ୍ଷା ମୋ ପାଇଁ
ସୁଦୂର ବରଗଛରେ ଚାଇଁ ଚାଇଁ ଖରାରେ ନିଶ୍ଚିତ।

ତମେ ଶୀତ ଏତେକାଳ ମୋର ଭୁଲ ସ୍ୱପ୍ନକୁ କାକରରେ
ଭିଜାଇ ବଂଚାଇଚ ଏବଂ ସତର୍କ
ଆଶ୍ୱସ୍ତିରେ ଖେଳିବାକୁ ଛାଡ଼ିଦେଇ ମୋ ପୁରୁଷକାର,
ଯେତେବେଳେ ମୋ ଉପୁଡ଼ି ଯାଇଥିବା ନଖରେ ରକ୍ତରେ
ପଟି ବାନ୍ଧି ଦେଇଚ ଏବଂ ପିଠି ଆପୁଡ଼ାଇ ଦେଇ
କହିଚ ପରୁଆ ନାଇଁ, ମୁଁ ଅନ୍ତତଃ ତମକୁ ନିର୍ଭର
କରି ଆସିଚି ଏ ଯାଏଁ, ତମେ ଶୀତ ତମେ ଇ ବସନ୍ତ।

ସ୍ୱାସ୍ଥ୍ୟରକ୍ଷା

ଅଦୃଶ୍ୟ ଫୁଲ ଓ ନିହଣ ମୂନ, ଛିଣ୍ଡା ଚଟିଫିତା, ମାଛଝୋଳ
ପରିତ୍ୟକ୍ତ ଚା' ଦୋକାନ କ୍ୟାବିନ୍‌ରେ ପିଠି ଘଷୁଥିବା ଗୋରୁ।
ଯୋଗୀମଠରେ ସ୍ୱାମୀ, ସୁନା, ବାଲିଜନ୍ଦା, ଟାଆଁସା ପାହାଡ଼।
ଝୁଣ୍ଟି ପଡୁଥିବା ଲହଡ଼ି, ଫେଣ ଓ ଆକାଶରେ

ଏମିତି ଆଶ୍ୱସ୍ତି-ଯା' ହଉ ପୁନରାବୃତ୍ତି ନାହିଁ।
୯-୩୦ରେ ଛାଡୁଥିବା ସଟଲ୍‌ରେ ଚାଲିଗଲେ
ମୋ'ର ଆଉ ଫେରିବାର ନାହିଁ, ଯଦିଓ
ପୋଷ୍ଟ ଅଫିସ୍‌ର କାନ୍ଥଘଣ୍ଟା ପୁଣି ଫେରିବ
ନିର୍ଦ୍ଦଳୀୟ ଆଖିମାନଙ୍କର ସମତଳ ଯୋଜନାକୁ।

ଏଇ ପୁରସ୍କାରର ଲୋଭରେ ଲିଭିଂଷ୍ଟୋନ ଓ ବୁଦ୍ଧ
ତୃତୀୟ ବାର୍ଷିକ କଳା ଛାତ୍ର ବ୍ରଜ ମଲ୍ଲିକ, କଂସ,
ନର୍ସ ରାଜାମ୍ମା ସେମାନଙ୍କର ଅକର୍ମଣ୍ୟତାର
ହନ୍ତସନ୍ତ ଇତିହାସ ସମେତ-ଗଲେ ଯେ ଗଲେ
ହଜିଗଲେ, ନିଜେ ନିଜର ପୁରସ୍କାର! ଭଲ।

ଭଲ କଥା। ମୁଁ ଉଡ଼ିବା ତ ଶିଖିସାରିଛି
ନିଃଶ୍ୱାସ ବନ୍ଦ କରି ଶୂନ୍ୟରେ ଲୋଟଣି ଖାଇବା ମଧ୍ୟ-
(ବେଲୁନ ପରି କିଛିଟା ହାସ୍ୟକର ସ୍ୱାସ୍ଥ୍ୟ ମୋର ଅବଶ୍ୟ)
ଅଣ୍ଟାଭିଡ଼ି, ସାମ୍‌ନା ପର୍ବତ ଉପରେ ତୋ' ପାଦ ରଖି

ଧନୁରେ ଯୋଖି ତୀର-ମୋ' ଚେତନା, ମୋ' ଅବିଶ୍ୱାସ-
ଓ ଛାଡ଼ି ଦେ', ଶବରୁଣୀ, ମୁଁ ତୋ' ଲାଗି ତ ଆଉ
ବିସ୍ମୟ ହୋଇ ନାହିଁ। କି ସାବଲୀଳ ଭଙ୍ଗୀରେ ଅର୍ଥାନ୍ତର
ଘଟୁଚି ଏ ଶବ୍ଦଟିର ଯିଏ ଅଚିହ୍ନା ଗଳିର କୁକୁରଟି ପରି
ମୁହଁ ଟେକି ମୋ' ମୁହଁକୁ ଅନାଏ।

ସେ ଯଦି ସାଙ୍ଗରେ ଥା'ନ୍ତା ମୋର ଫେରି ଆସିବା
ହେଉ ନ ହେଉ ମୁଁ ନଷ୍ଟ ହୋଇଯାନ୍ତି, ଶବରୁଣୀ,
ତୋ' ମୃଗୟାର ସଘନ ସାଫଲ୍ୟରେ।

ସାଧାରଣ ଲାଭ

ଦୁଃଖ ଅଲଗା ହୋଇ ରହିଚି ।
ସ୍ୱପ୍ନମାନଙ୍କ ଉତ୍ସାହରେ
ଅନେକ ଚନ୍ଦ୍ର ସଜା ହୋଇଚି ।

ଗଛ ଖଣ୍ଡିଏ ଶୁଖିଲା ହାଡ଼
ଗଲା ଗ୍ରୀଷ୍ମର,

ମାଛି ଅନ୍ଧାରରେ ବି ଗୋଲାପୀ
ଘାସ ଓ ଶାଗୁଆ ଘାସ ଇତ୍ୟାଦିଙ୍କ
ଜଞ୍ଜାଳରେ ଫିକା ଧଳା
ଗଛ ଗେଲ କରେ ବୁଢ଼ା ସୂର୍ଯ୍ୟକୁ ।

ସାମୟିକ କୁହୁଡ଼ିଟାଏ
ଓଦା କରି ଭିଜାଇ ଦିଏ
ସକାଳର ଖବର କାଗଜ
ଯାହା ଆମର ସାଧାରଣ ଲାଭ ।

ଆଳାପ

: କ'ଣ କଲ ଏତେଦିନ ?

: କାହିଁକି ? ଛାଇରୁ ଓପାଡ଼ି ଚାରା ଖରାରେ ପୋତିଲି
ଖରାରୁ ଓପାଡ଼ି ଚାରା ଛାଇକି ଫିଙ୍ଗିଲି,
ଚେର ମାପି ପାଣି ଦେଲି, ଓଠର ସିଆର
ଅନୁଚ୍ଚାରିତ ଶବ୍ଦରେ ଆସ୍ତେ ଢାଙ୍କି ଦେଲି ।

: ତା'ପରେ ?

: ଗୋଲାକାର ବଗିଚାର ନିରଙ୍କୁଶ ଅଧିକାରୀ,
ପରିଧିରେ ବାରମ୍ବାର ନିସ୍ତୁକ ଦୌଡ଼ିଲି,
ଲୋକେ ଦେଖିଲେ କିଛିଟା କୌତୁକ, ତା'ପରେ
ବୁଥ୍ ମୁହାଁ ଚାଲିଗଲେ ଦୁଧ କ୍ୟାନ୍ ଧରି ।

: ତମେ ମୂର୍ଖ, ବାରନ୍ଦା ଚଉକିରେ ବସି
ଖରା ପୋଇଁବା ଲୋକ କି ମାଟିକି ଓହ୍ଲାଏ ?
ବଗିଚା ଆୟତାକାର, ବର୍ଗାକାର ହୁଏ ।
କେବଳ ପାଗଳ ଘୋଡ଼ା ପରି ଦୌଡ଼ୁଥାଏ ।

: ଘୋଡ଼ା କଥା ଉଠାଇଲ, ଭଲ କଲ, ସହର ସୀମାନ୍ତେ
ପାହାଡ଼ ଫାଙ୍କରେ ଦିଶିଯାଏ ବେଳେ ବେଳେ

ଲାଲ୍ ବର୍ଦ୍ଦି ପିନ୍ଧା ଦଳେ ଘୋଡ଼ାସବାରଙ୍କ
ନିଶ ମୋଡ଼ା ମୁହଁ, ଗାଲ।
ମୁଁ ପରା ତାଙ୍କର
ଅପେକ୍ଷାରେ ଏତେ ଦିନ। ସେମାନେ ଆସିବେ
ମତେ କାଟି ନେଇଯିବେ ବଗିଚାର ରକ୍ତାକ୍ତ ନାଡ଼ରୁ।

: ଯେତେ ସବୁ ବଙ୍କା କଥା ଭିତରେ ତମର
ଖସି ପଳାଇବା ଇଚ୍ଛା ସ୍ପଷ୍ଟ, କେବେଠାରୁ
ଏ ସବୁ ପ୍ରସ୍ତୁତି ?

: ଶୁଣ, ଋଷିକୁଲ୍ୟା ନଦୀ କୂଳେ (ସେଇ ବଗିଚାରେ)
ଆନମନା ବୁଲୁ ବୁଲୁ ଦିନେ ସନ୍ଧ୍ୟାବେଳେ
ପଥର କହିଲା 'ନା', ବୁଦା ବି କହିଲା
ହୁଙ୍କାରୁ ବାହାରି ସାପ କାହିଁ ଲୁଚିଗଲା।
ମେଘ ଡାକିଲା କହିଲି 'ନାଇଁ ନାଇଁ,
ତାରା ଡାକିଲା କହିଲି 'ନାଇଁ ନାଇଁ, ବେଳ ନାଇଁ,
ନାରୀ ଡାକିଲା କହିଲି 'ଭୋକ ନାଇଁ',
ଡାଳରୁ ଆଡ଼େଇ ଦେଇ ଚଢ଼େଇଙ୍କି, ଫୁଲରୁ ଭ୍ରମର
ତମେ ଠିକ୍ କହିଚ ମୁଁ ମୂର୍ଖ, ମାଗିବସେ ପୁରସ୍କାର।

: ମୁଁ ତମ ସାଙ୍ଗରେ ଦୌଡ଼ି ଥକି ଗଲିଣି, ଦେଖୁଚ ?
ତମେ ଏକୁଟିଆ ଦେଖି ଦୟା ହେଲା, ଛାଡ଼।
ଏ ପରିଧି ଛାଡ଼ିଦିଅ। ଘୋଡ଼ାସବାରଙ୍କ
ଦୃଶ୍ୟ ମିଛ, ଦୋଷ। ଦୋଷ କଲେ ରକ୍ତ ବୁହେ
ରକ୍ତର ଧାର ହିଁ ଠିକ୍ ବେଳେ ରକ୍ତ ଦାଗ ଧୋଇଦିଏ।

: ନା, ଶେଷ ସେମିତି ନୁହେ, ଶେଷ ନାହିଁ, ଆସ,
ତମେ ମତେ ଗୋଡ଼ାଅ ଓ ମୁଁ ତମକୁ, ଏଠି

କିମ୍ବା ଅନ୍ୟ ବଗିଚାରେ (ଯା' ପରି ତା' ବି ଗୋଲାକାର)
ତମର ଥକି ପଡ଼ିବା ଦେଖି ଦୟା ହୁଏ, କିନ୍ତୁ ଦୟା
ବଡ଼ ଚମତ୍‌କାର ଫୁଲ ବଗିରେ ଅନ୍ୟ ଫୁଲ ଥିଲେ।
ତମେ ମତେ ଗୋଡ଼ାଅ ଓ ମୁଁ ତମକୁ, ଦୌଡ଼ି ଦୌଡ଼ି ଯେବେ
ଛନ୍ଦାଛନ୍ଦି ହୋଇ ଦୁହେଁ ଚିତ୍‌କାତ୍ ପଡ଼ିବା ଭିତରେ,
ଧୂଳି ଝାଡ଼ି ଝୁଡ଼ି ହୋଇ କାନ୍ଦ୍ କାନ୍ଦ୍ ଉଠିବା ଆଗରୁ
ଦେଖିବା ନେଳି ଅନ୍ଧାର ଗହୀରରେ ଝଲକାଏ ମୁହଁ
ଘୋଡ଼ାସବାର୍‌ର, ପୁଣି ମୁହଁ ପରି ତମର ଓ ମୋର।

ହରପ୍ରସାଦ

ନାଗ୍‌ପୁର୍‌ରେ ହରପ୍ରସାଦ ଜଣେ ବେଶ୍ୟାର ପ୍ରେମରେ ପଡ଼ିବା
ବଡ଼ କଥା ନୁହେଁ, ବଡ଼ କଥା ତା' ନାଗପୁର ଯିବା, ଦି'ଦିନ ରହିବା,
କ୍ରତୁ, ପୁଲହ, ପୁଲସ୍ତ୍ୟଙ୍କ ବିବସ୍ତ୍ର ଗହଣରୁ ସେ ବାହୁଡ଼ିବ
ଅରୁନ୍ଧତୀକୁ ନେଇ - ବଡ଼ କଥା ଏ ଚମତ୍କାର ସ୍ୱପ୍ନ ଦେଖିବା।

ଈଶ୍ୱର ଯେମିତି ଦଗାବାଜ୍। ଦେଲେ ଫସେଇ, ନିଶୁଆ କନେଷ୍ଟବଲ୍
(ଠୋ' ଠୋ' ହସରେ ଯା'ର ନିଭିଯାଏ ଡିବିରି ଓ ଲଣ୍ଠନର ଆଲୁଅ)
କହିଲା "ଚାଲ୍, ଥାନାକୁ'- ମିଛ କଥା, ତା' ଲାଠି କହିଲା
ହରପ୍ରସାଦର ପିଠି କି- ହରପ୍ରସାଦ, ଫେରିଯା', ଫେରିଯା' ସ୍ୱପ୍ନକୁ।

ଏ କିଆରୀ ତୋ'ର ନୁହେଁ ଯେତେବେଳେ ସୂର୍ଯ୍ୟ ନ ବୁଡ଼ିଚି,
ଏ ଫସଲ ଓ ଫ୍ୟାକ୍‌ଟ୍ରି ତୋ'ର ନୁହେଁ ଯେତେ ଦିନ ହାତ ନ ଭାଙ୍ଗିଚି,
ଅସିଦ୍ଧ ଟୋକାଙ୍କର ଈର୍ଷା, ରାଗ ଓ ବିରକ୍ତିରେ ତୁ ଜର୍ଜରିତ,
ଯେତେଦିନ ପାଶବିକ ଚାପାରେ ସେ ବେଶ୍ୟାର ଚୂଡ଼ି ନ ଭାଙ୍ଗିଚି।

ହରପ୍ରସାଦ ଦୌଡ଼ି ଦୌଡ଼ି ଧଇଁ ସଇଁ ହୋଇ ଲ୍ୟାମ୍ପ୍ ପୋଷ୍ଟରେ
କ୍ଷଣକ ଆଉଜି ହିସାବ କଲା ସାମ୍‌ନାର ଉତ୍ତୁଙ୍ଗ କାନ୍ଥରେ
କେତୋଟି ଫାଙ୍କ ଯା' ଭିତରେ ହାତ ପୂରେଇ ଆଗ୍ରହରେ
ଅଣ୍ଡାଳି ହେବ ଶୂନ୍ୟରେ, ବିବସ୍ତ୍ର ସମୟର ଅନାସକ୍ତିରେ।

ହରପ୍ରସାଦ ଫେରିଲାବେଳକୁ ସକାଳ, ଦୁଃଖ ଓ ସୂର୍ଯ୍ୟାଲୋକ।

ହାରାକିରି

ଏବେ କୁଆଡ଼େ ଉପଯୁକ୍ତ ଋତୁ, ବାଦଲ୍, ନିଶ ମୋଡ଼ିବାର,
ଅଣ୍ଟାରୁ କଉଡ଼ି ସାରିବାର ଏବଂ ମରିବାର,
ରାତି ଗୋଟାଏର ଚୌରଂଗୀରେ ଶେଷ ଫୁଲାକ ସିଗାରେଟ୍ ଟାଣିଦେଇ
ଗୁନାଇଟ୍ କହୁ କହୁ, ଦେଖ୍, କି ସୁନ୍ଦର
ସେ ଡେଇଁପଡ଼େ କୁତବ୍ ମିନାର୍‌ରୁ,
ନବ ବିବାହିତ ଯୁବକ ତରୁଣୀ ପତ୍ନୀକୁ ନେଇ
ଏଇ ତ ପ୍ରଥମ ଥର ବୁଲି ବାହାରିଥିଲା ।
ପ୍ରଥମଟାଇ ଶେଷ ବୋଲି ଚିହ୍ନିବାର ଉପଯୁକ୍ତ ଋତୁ, ଏଇ ବାଦଲ୍,
ସହରର ଉତ୍ତରରେ ଯେଉଁଠି ତମ ଘର,
ସହରର ଦକ୍ଷିଣରେ ଯେଉଁଠି ମୋର ଅସ୍ୱୀକାର
ର ଭ୍ରମର ଘାଇଁ ଘାଇଁ ଘାଇଁ ଘାଇଁ ବୁଲି ବୁଲି
ସ୍ଥିର ହୋଇଯାଏ ସେ ଭିକାରୁଣୀ ବୁଢ଼ୀର
ଥୁରୁଥୁରୁ ଶିରାଳ ହାତର ନିଃଶବ୍ଦ ତପସ୍ୟାରେ ।

ସେ ବୁଢ଼ୀ ମୁଣ୍ଡ ଉଠାଇ ପାରେ ନାହିଁରେ, ବାଦଲ,
ଅଥଚ ତା'ର ଧକ୍‌କାରେ ଛିଟିକି ପଡ଼େ ମୋ' ହାତରୁ
ସଦ୍ୟ କିଣା କାଜୁ ପ୍ୟାକେଟ୍, ଛିଟ୍‌କି ଯାଇ
ବାଜେ ଶ୍ରୀ ଶ୍ରୀ ରାମକୃଷ୍ଣଙ୍କ ମୁହଁରେ । ଅନ୍ୟ ପକ୍ଷରେ
ଶ୍ରୀମନ୍ତ ପଣ୍ଡା, ମନେ ପଡୁଚି ? ମୁଣ୍ଡ ଟେକି ଚାଲିବା ତା'ର ଅଭ୍ୟାସ,
ସେ ଯେମିତି ବିଶ୍ୱାସ କରେନାହିଁ ରାସ୍ତାରେ
ପ୍ରାୟ ସବୁଠି, ବିଛାଡ଼ି ପଡ଼ିଥାଏ ବୋଲି ଅନେକ ପର୍ସ ଓ ରତ୍ନ ।

ସବୁ ଚେଷ୍ଟାର ପରିଚୟ ଅଛି, ମୋକ୍ଷ ନାହିଁ।
ଆଃ ଜୀବନାନନ୍ଦ ଦାଶ ଯଦି ବୁଝିଥା'ନ୍ତେ ବଂଚି ନ ଥା'ନ୍ତେ
ସ୍ମୃତିର ନାଟୋର୍‌ର। ଚେଷ୍ଟାର ସ୍ମୃତି ବି ତ ନାହିଁ।

କାଲି ତମେ ଫେରିବ ବୋଲି ମୋ'ର ବିଶ୍ୱାସ ନାହିଁ, ବାଦଲ୍,
ଅନାସ୍ୱାଦିତ ବହୁ ସେ ଭେଟାଭେଟିର ରେସ୍ତରାଁ,
ତମ ପାଇଁ ଟ୍ରାମ୍ ନାହିଁ କି ବସ୍ ନାହିଁ
ମୋ ପାଇଁ ଟ୍ରାମ୍ ନାହିଁ କି ବସ୍ ନାହିଁ କି ଟାକ୍‌ସି ନାହିଁ
ନିଃଶବ୍ଦ ଆଲୁଅର ଚତୁର୍ଦ୍ଦିଗରେ ଜମି ଆସୁଛି କୁହୁଡ଼ି,
ଖ୍ୟାତିସଂପନ୍ନ ଏ ପଡ଼ିଆକୁ ମଗାଯାଉ-କ'ଣ ?

ଅସ୍ତ୍ର, ଅସ୍ତ୍ର, ବାଦଲ୍, ଅନ୍ୟ ଏକ ଚେଷ୍ଟାର ନାଁ,
ରକ୍ତାକ୍ତ ଆକୃତିର ପାରିସ୍ପରିକତାରେ ଯାହାର ହଠାତ୍
ଯଦି ଜାଣିହୁଏ କେଉଁଠି ବାତାୟନ ପାଶେ ବସି ଚାହେଁ ନବୋଦିତ ଶଶୀ
କରୁଣ ନିଷ୍ଫଳତାର ପ୍ରତିମା କୁନ୍ତଳାକୁମାରୀ।

ଅସମୟ

ଏମାନେ କେହି ମୋତେ ଛାଡ଼ିବେ ନାହିଁ, ଜାଣେ,
ପ୍ଲେଟ୍ ସଫା କରି ସଜାଉଥିବା ବୟ୍ ଓ ଅତୀତରୁ
ଚିଠି ନେଇ ପହଞ୍ଚି ଥିବା ମୂକ ପିଲାଟି,
କାଚ ଝରକା ଆର ପାଖରେ ଗର୍ଜୁଥିବା ସମୁଦ୍ର
ଧଳା ପାହାଡ଼ର ଦ୍ୱୀପ
ଯେଉଁଠିକି ମୋତେ ଯିବାକୁ ହେବ;
ଅଥଚ କେହି ମୋତେ ଛାଡ଼ିବେ ନାହିଁ, ଜାଣେ।

କେବଳ ରୂପକରେ ପୂରି ଯାଏନା ଭୋକିଲା ଶାମୁକାର ପେଟ,
ସ୍ୱାତୀ ନକ୍ଷତ୍ରରେ ବର୍ଷା ହେବ, ବିନ୍ଦୁଏ ବର୍ଷା,
ଡେଇଁବ ପାରାଚ୍ୟୁଟିଷ୍ଟ୍ ପରି ଖେଳି ଖେଳି ଝୁଲି ଝୁଲି
ଭୋକିଲା ଶାମୁକାର ଐତିହାସିକ ଆଁକୁ।
ଯା' ନିରୀହ ତା' ନିର୍ଦ୍ଦିଷ୍ଟ, ମୁକ୍ତା ପରି।
କିଲ୍‌ବିଲ୍ ଉଚ୍ଛ୍ୱାସରେ ଯେ ହାବୁକାଏ ପବନ
ମାଡ଼ିଆସେ, ଅଦୃଶ୍ୟ ଭାବେ ପ୍ଲେଟ୍ ହଲାଇଦିଏ,
ମୂକ ପିଲାଟିର କାନ ଝାଇଁ ଝାଇଁ ହୁଏ
ଭାଷାର କକ୍ଷରୁ ଛିଟ୍‌କି ପଡ଼ିଥିବା ଶବ୍ଦରେ।

ଧଳା ପାହାଡ଼ର ଦ୍ୱୀପରୁ ମୋର ଫେରିବା ଉଚିତ
ଚିଠିର ନିର୍ମଳ କଠୋରତାକୁ,
ନ ହେଲେ ମୋର ଜଣା ଅଜଣା
ସମସ୍ତ ଫିସାଦ୍ ସତ୍ତ୍ୱେ ମୁଁ
ଟେବୁଲ୍ ପାଖରେ ବସି ଚା' ପିଉଥିବି
ଅଖା ଧୋଉଥିବି ଥରକୁ ଥର।

ବୟ୍‌ଟା କେବେ ବୁଢ଼ା ନ ହେଉ ନ ହେଉ।

ଯାତ୍ରାସଙ୍ଗୀତ

। ୧ ।

ମେଘ ଦେଲା ସାତ ଦିନର ବର୍ଷା
ମାଟି ଦେଲା ହିରଣ୍ମୟ ପାତ୍ର
ସୂର୍ଯ୍ୟ ଦେଲା ନିର୍ଦ୍ଧାରିତ ଯୌବନ
ସିନ୍ଧୁ ଦେଲା ସ୍ୱାଦ ଓ କ୍ଷୟର ସୂତ୍ର ।

ମେଘ ଓ ମାଟି, ସୂର୍ଯ୍ୟ ଓ ସିନ୍ଧୁ ମୋର ବନ୍ଧୁ । ସେମାନଙ୍କ
ଗହଣରେ ମୁଁ ମଳିନ ବାଲିବନ୍ତକୁ ସ୍ୱର୍ଣ୍ଣ ସିନ୍ଦୂର ସାମ୍ରାଜ୍ୟ
ବୋଲି କଳନା କରିନେବା ଥିଲା ଆବଶ୍ୟକତା । ଯାହା
ଆବଶ୍ୟକ ତା' ସହଜ, କପାଳ ଉପରୁ ଉତ୍‌କ୍ଷିପ୍ତ
ବାଳ ଆଡ଼େଇଦେଲା ପରି । ଅନାବଶ୍ୟକ ଦେଖିବାର
ପ୍ରଚେଷ୍ଟା, ଆଖିର ଚିମୁଟାରେ କୋମଳ ଫୁଲକୁ ଧରି
ନିରୀକ୍ଷଣ କରିବାର ମୋହ ।

ପ୍ରାତଃ କାଳରେ ବିଦ୍ୟାଳୟକୁ ଯିବାବେଳେ କିଏ ମୋ
ସ୍ଲେଟ୍ ଭାଙ୍ଗିଦେଲା । ସନ୍ଧ୍ୟାବେଳେ ମୋ
ଅମରକୋଷ ପୃଷ୍ଠା ଚିରିଦେଲା । ବର୍ଷାକାଳେ
କହିଲା ଶୁଷ୍କ ରୋଦନାହିଁ ଆମର କାମ୍ୟ,
ଅସ୍ପଷ୍ଟ ଅରଣ୍ୟ ଶୀର୍ଷେ ନୟନ ଜଡ଼ାଇବା ଧର୍ମ;

ଏବଂ
ମୁଁ
ଛାଡ଼ିଲି ଘର
ଓ ଘରଣୀ ଷୋଳ ସସ୍ତ୍ର,
ନିରାପତ୍ତା ବାଉଁଶ ଝାଡ଼ର,
ଉଦ୍ୟତ ମୟୂର ଅଣ୍ଡାର ଉପହସିତ ତୁଚ୍ଛତା,
ସାପର ଫୁତ୍‌କାର ଭିତରେ ଗାଈଆଳର ଡ଼ାକ,
ବଂଶୀ ସ୍ୱନରୁ ନିର୍ଗତ ବିଷ ଓ ବିସମ୍ବାଦ, ଦେହ।

ଅମାବାସ୍ୟା ଅନ୍ଧାର ବିଶାଳ ଆକାଶ
ସୁଦୂର, ଅନିର୍ଦ୍ଦିଷ୍ଟ ସୌରଜଗତରୁ ଛିନ୍ନ
କ୍ଷୀଣ, ଅପରିଚିତ ଆଲୋକ
ଉଜ୍ଜ୍ୱଳ ଗ୍ରହ ନକ୍ଷତ୍ର ବାଟ କାଟି ଆସ୍ତେ ଆସ୍ତେ
ଗଲା ପରି ମୋର ଗତି-
କେଉଁଆଡ଼େ ?

ଦେହହୀନ ଆଲୋକ
ହସ୍ତପଦହୀନ ଇଚ୍ଛା
ମୃତ୍ୟୁହୀନ ବିରକ୍ତି
ଉଦ୍ଦେଶ୍ୟହୀନ ଯାତ୍ରା।

। ୨ ।

ଯଦି ଫେରେ, ଫେରିବି
ପର୍ ପର୍ ଉପତ୍ୟକାରେ ହଜି ଯାଉଥିବା
କୋଇଲିର କୁହୁରେ,
ପାଣି ଉପରେ ବନ୍‌ସି ଥୋପର
ଅପରିପକ୍ୱ ନାଚରେ,
ଲାଙ୍ଗୁଡ଼ରେ ହାତର ଛାଇ ପଡୁ ପଡୁ

ଉଡ଼ିଯାଉଥିବା କଙ୍କିର ମୁକ୍ତିରେ।
ମନ୍ଦିର କବାଟ ବନ୍ଦ କରୁ କରୁ ପୁରୋହିତର
ଚାପି ହୋଇଯାଉଥିବା ଆଙ୍ଗୁଠିରେ,
ପୋଡ଼ା କାଠି ବଦଳରେ ଦିଆସିଲିକି
ଫିଙ୍ଗି ଦେବାର ଅନ୍ୟମନସ୍କତାରେ,
ଡବଲ୍ ଖଟର ଆକସ୍ମିକ, ଅଭଦ୍ର
କେଁ କେଁ ଶବ୍ଦରେ,
ମନ୍ତ୍ରୀଙ୍କ ଦେଖା ନ ପାଇ ଫେରି ଯାଉଥିବା
ଗ୍ରାମବାସୀଙ୍କ ମୁହଁର ଝାଳରେ,
ବହୁ ଡେରିରେ ପହଞ୍ଚିଥିବା ଟେଲିଗ୍ରାମ୍‌ର
ଅକର୍ମଣ୍ୟତାରେ,
ଅଣ୍ଡା ଖୋଳପାରେ ଜମିଥିବା ବର୍ଷାପାଣି ଟୋପାକର
ନରମ ଅହଂକାରରେ,
ସ୍ପଷ୍ଟ ସ୍ୱରରେ ଡାକି ପାରୁ ନ ଥିବା, ମାଗି ପାରୁନଥିବା
ଭିକାରୀର ସିଲ୍‌ଭର୍ ଗିନାରେ,
ଖବରକାଗଜ ହକର୍‌ର ଖବର ପ୍ରତି
ନିର୍ଦ୍ଦୋଷ ଅନାସକ୍ତିରେ,
ଡେଇଁବା ଓ ପାଣିରେ ଯାଇ ପଡ଼ିବା ଭିତରେ
ଯେତେ ଅବର୍ଣ୍ଣନୀୟ ଉଲ୍ଲାସରେ।

କାରଣ ଏ ସବୁ ଅନାବଶ୍ୟକ।
ଆୟୁଷ୍ମାନ୍ ମଣିଷ
ଗାଧୋଇସାରି ଧର୍ମ କର୍ମ କରେ,
ପ୍ଲେନ୍ ଚଢ଼ି ଦୂର ଦେଶକୁ ଉଡ଼ିଯାଏ ବେଳ ଆସିଲେ।

କ୍ୱାଲାଲଂପୁର

ବାରିପଦାର ବାରିଷ୍ଟର୍ ରସିକ୍ ଲାଲ୍।
କ୍ୱାଲାଲଂପୁର ଦେଖିଚ, କ୍ୱାଲାଲଂପୁର ?
ପ୍ରେମରେ ? ନ ହେଲା ଏବେ ବିଚ୍ଛେଦରେ ?
ସିନେମାରେ ଅଥବା ବିଫଳ ଯୋଜନାର ଉଚ୍ଛେଦରେ ?

କାଲି ସନ୍ଧ୍ୟାର ବିଚିତ୍ର ଯାଦୁକର
ଅପେକ୍ଷା ତା'ର ଆଲୁଲାୟିତା ପତ୍ନୀଟିର
ଖେଳ ହିଁ ଥିଲା ଚମତ୍କାର। କଂକାଳର
ନାଚ ଦେଖିବ ସୁବର୍ଣ୍ଣ ପିଞ୍ଜରାରେ ?

ପଚାର ତମ ସହରର ଟାଉନ୍ ହଲ୍
ଜଗୁଆଳିକି, ପଚାର ତମ ଫାର୍ମର ଟ୍ରାକ୍ଟରକୁ,
ଜେଲ୍‌ରେ ଥିବା ଆତତାୟୀ ଅନ୍ଧକୁ,
କ୍ୱାଲାଲଂପୁର ଦେଖିଚ, କ୍ୱାଲାଲଂପୁର ?

ପଚାର ବିବାହିତା ସନ୍ନ୍ୟାସିନୀକି,
ପଚାର ମାଟିରେ ପଡ଼ି ଡେଉଁଥିବା ମାଛକୁ,
ପଚାର ବାଇଶି ପାହାଚରେ ଚଢୁଥିବା ମାତାଲ୍‌କୁ,
ପଚାର ବନ୍ଦ୍ ହୋଇ ଯାଇଥିବା ଘଣ୍ଟାକୁ,
ପଚାର ଚଣ୍ଡାଶୋକକୁ, ବାଲ୍ମୀକିଙ୍କୁ,
ପଚାର ଥୁଣ୍ଟା ଡାଳରେ ଅୟସରେ ଝୁଲୁଥିବା ମେଘକୁ,

ପଚାର ଧୂଳି ଧୂସର ଅମୀମାଂସିତ ଫାଇଲକୁ,
ପଚାର କକ୍ଷଚ୍ୟୁତ ତାରାକୁ,
ପଚାର ଶୀତ ରାତିରେ ଜଙ୍ଗଲ ମଝିରେ
ଷ୍ଟାର୍ଟ୍ ହେଉ ନ ଥିବା ଫିଏଟ୍‌କୁ,
ପଚାର ଗୋପନରେ ବ୍ୟାଙ୍କ୍‌ରେ
ଆକାଉଣ୍ଟ୍ ରଖିଥିବା ଭିକାରୀକି,
ପଚାର ନିଜ ପ୍ରାସାଦର ତିନିତାଲାରେ ଘୁମେଇଥିବା ସମାଜବାଦୀ ଅଧ୍ୟାପକଙ୍କୁ,
ପଚାର ତମ ପତ୍ନୀଙ୍କର ସୁନାଚୁଡ଼ିରେ ବସିଥିବା ମାଛିକି,
ପଚାର ଖଟ ଉପରେ ମାଡ଼ିଥିବା ମାଳତୀ ଲତାକୁ,
ପଚାର ଜହ୍ନ ଦେହରେ ଚାଲିଥିବା ପିମ୍ପୁଡ଼ିକି।

କାଲି ସନ୍ଧ୍ୟାର ବିଚିତ୍ର ଯାଦୁକର ହେ
ରସିକ୍‌ଲାଲ୍ ନୁହେଁ କି କେହି ନୁହେଁ, ମୁଁ ବି ନୁହେଁ,
କେହି ଦେଖି ନାହାଁନ୍ତି କ୍ୱାଲାଲଂପୁର।

ପ୍ଲାଟ୍‌ଫର୍ମ ୧ ରୁ ପ୍ଲାଟ୍‌ଫର୍ମ ୨ କୁ
ସିଧା ସିଧା ଚାଲିଯିବା ଆମର ସାହସ,
ପ୍ଲାଟ୍‌ଫର୍ମ ୨ ରୁ ପ୍ଲାଟ୍‌ଫର୍ମ ୧ କୁ
ସିଧା ବାହୁଡ଼ି ଆସିବା ଆମର ସତର୍କତା।
କେଉଁଠି ମଝିରେ ଅଚାନକ ଟ୍ରେନ୍‌ଟେ ଚାଲିଯାଏ,
କି ଟ୍ରେନ୍? କୁଆଡ଼େ ଯାଏ? କୁଆଡ଼େ ଯାଏ?
କ୍ୱାଲାଲଂପୁର, କ୍ୱାଲାଲଂପୁର।

ସାରାଦିନ

ସାରାଦିନ
ମୂକ ପୋଷ୍ଟ୍‌ମ୍ୟାନ୍‌କୁ ଖୋଜିବାକୁ ହୁଏ
ଭଙ୍ଗା ହାର୍ମୋନିୟମ୍ ଧରି ।

ସାରା ରାତି
ପଡ଼ିଶା ଘରର ଅନ୍ଧ ବୁଢ଼ାକୁ ବୁଝେଇବାକୁ ହୁଏ
ଅନ୍ଧାର କେମିତି ଦିଶେ ।

ଅନ୍ୟାନ୍ୟ କାମ ଭିତରେ, ଏକ :
ନିଜକୁ ଭୂତ ଭଳି ସଜେଇ
ପକ୍ଷୀ ହୁରୁଡ଼ାଇବା; ଦୁଇ :
ନିଜକୁ ଭୂତ ଭଳି ସଜେଇ ପକ୍ଷୀଙ୍କୁ ଡାକିବା,
ତିନି : ପକ୍ଷୀ ହୁରୁଡ଼ାଇବା; ଚାରି :
ପକ୍ଷୀଙ୍କୁ ପୁଣି ଡାକିବା...

ଏ ସବୁ ଭିତରେ ମୁଁ ସଚେତନ, ଯେମିତି ପାଣି,
ଯେ ତା' ଉପରେ ଖେଳୁଚି ଅଦୃଶ୍ୟ ପବନ, ମୁଁ
ଜାଣେ ଯେ ଗୋଟିଏ ଧୂସର ହାତ ମୋତେ ସାରାଦିନ, ସାରାରାତି
ଖୋଜୁଥାଏ ।

ଭାବୁଚି ଏଥର ନୁଆଁଇଦେବି ଡାଳ ଓ ଫୁଲ ଫଳ
ସେଇ ଫାଜିଲ୍ ପିଲାଙ୍କର ହାତ ପାଆନ୍ତାକୁ,
ଜାମା ଛିଣ୍ଡେଇ ଫିଙ୍ଗିଦେବି ବ୍ରିଜ୍ ତଳକୁ।

ଯା' ଖୋଜିଚି ତା' ତ ଅନେକ ଦିନୁଁ ନିର୍ଦ୍ଦିଷ୍ଟ।

ଖୁବ୍ ବେଶୀରେ
ଜଣେ ନାରୀର ପ୍ରେମ
ଲୋକଙ୍କ ନିର୍ଲଜ୍ଜତାର ଘେର ଭିତରେ।

ହୃଦୟେଶ୍ୱରୀ

(ଏକ)

ବ୍ୟବହୃତ ମଣିଷମାନଙ୍କର
ଅସଂପୂର୍ଣ୍ଣ ଶୋଭାଯାତ୍ରାରେ
ମୁଁ
ଏଠାରେ,
ସୁଦୂରରେ ଅସ୍ପଷ୍ଟ ନୀଳ ଦିଗନ୍ତ,
ତୁ ମଝିରେ କେଉଁଠି
ଡେଙ୍ଗା ଘାସବୁଦାରେ ଅଟକି ଥିବା ବିଚିତ୍ର ଫୁଲ;
ତୋ' ଅଟକି ରହିବା କେତେ କାଳ ଯାଏଁ କେଜାଣି।

ଭୁଲ୍ ଆଉ ପାପର ତାର ବାଡ଼ ଘେରା
ଏ ଦେହ ଡାକ ବଙ୍ଗଳା,
ତତେ ଯେଉଁ ନିଶୁଆ ଚୌକିଦାର ଜଗିଚି
ସେ ମତେ ହାତ ବଢ଼ାଇ ଛୁଇଁପାରେ ନାହିଁ,
ଯଦିଓ ମୁଁ ବାରନ୍ଦା କଡ଼କୁ ଲାଗି
ଶୀର୍ଣ୍ଣ ଗଛର ଡାଳ।

ଅଥଚ ଆମେ ଏକାଠି ହେବା
ବିଚିତ୍ର ନୁହେଁ, ତୁ
ମୁହୂର୍ତ୍ତକର ବିଦ୍ୟୁତ୍ ପରି ଘମାଘୋଟ ମେଘର
ମୋର ଉତ୍ତୁଙ୍ଗ ଶୋଚନାର ପାହାଡ଼କୁ
ଉଦ୍‌ଭାସିତ କରିଦେବା ବିଚିତ୍ର ନୁହେଁ।

ରେ ମୋର ଉଦ୍‌ଭ୍ରାନ୍ତ ସହରର ଦ୍ୱିତୀୟା ତିଥିର କ୍ଷୀଣ ଜ୍ୟୋତ୍ସ୍ନା ।

ଏ ପୃଥିବୀ କ'ଣ ଆମର-
ଯା'ର ଆହାର ନାହିଁ, ନିଦ୍ରା ନାହିଁ
କ୍ଷମାରେ ପ୍ରସାରିତ ସମୁଦ୍ର ନାହିଁ ?

(ଦୁଇ)
'ଆପଣଙ୍କ ସ୍କୁ ଢିଲା'-
କଥାଟି ଗୋଟିଏ ନଉକା,
କଦଳୀ ପଟୁକା
ତା'ର ଦରହାସର ନଈରେ ଭାସି ଭାସି ଆସି
ଅଟକି ଯାଏ
ମୋ' ଛାତିର ପଥରକୁ ଲାଗି ।

ତା' ପରେ ଆସ୍ତେ ଆସ୍ତେ
କଥାଟି ମିଳାଇଯାଏ
କାରଣ କଥାର ଈଶ୍ୱରୀ ମୋର ପ୍ରେମିକା ନହେଁ;
କାଳ ରାକ୍ଷସ
ସବୁ ଗିଳି ପକାଏ ।

ଜାତି ସଂଘରେ, ସୁନ୍ଦରି ! ଅମୁକ ଦେଶର ସଭ୍ୟ
ତମୁକ ଦେଶର ସଭ୍ୟକୁ ଗାଳିଦିଏ
'ଆପଣଙ୍କ ସ୍କୁ ଢିଲା
ପରମାଣୁ ଶକ୍ତି ପରୀକ୍ଷା ଶାନ୍ତି ପାଇଁ, ହାଃ !'

ଈଶ୍ୱରଙ୍କୁ ଦେଖୁନା ? ପୂରାପୂରି ସ୍କୁ ଢିଲା
ୟାଡୁ ସ୍ୟାଡୁ କେଇଟା ବଙ୍କା ରଂଗ,
କ'ଣ ନା ଇନ୍ଦ୍ରଧନୁ !

ସିଂହଦ୍ୱାର, ଶଗଡ଼, ଗଛ ଓ ଆଇସ୍‌କ୍ରୀମ୍,
ସତ୍ ଇସବ୍ ଗୋଲ୍, ମରୁଭୂମି ଓ ମାଛ,
କ'ଣ ନା ଧନ ଧାନ୍ୟେ ଭରା ବସୁନ୍ଧରା !

ଆଉ, ଗଲା ମହା ଯୁଦ୍ଧରେ ବିପର୍ଯ୍ୟସ୍ତ
ବିଷର୍ଣ୍ଣ ଏରୋଡ୍ରୋମ୍‌ର ଜଂକ୍‌ଲଗା କକ୍‌ପିଟ ସନ୍ଧିରେ
ଗୋଟାଏ ଡେଙ୍ଗୀ ଫୁଲଗଛ
କୁଆଡ଼େ ମୋର ପ୍ରେମ !

(ତିନି)

ଏହା ଯଦି ପାପରେ ହୃଦୟେଶ୍ୱରୀ ! ମହାନଦୀ ଆମ ଘର ପାଖରେ
ଗୁପ୍ତ ଗଙ୍ଗା। ସହରର ସମସ୍ତେ କଳାଧନ ଗଣିବାରେ ବ୍ୟସ୍ତ ଥିଲା ବେଳେ
ତୁ ସ୍ନାନ କରି ନେବୁ। ନକ୍ଷତ୍ରର ଦ୍ୱୀପମାନଙ୍କରେ ତୋ' ଲାଗି
ସ୍ଥାନ ସୁରକ୍ଷିତ। ତୁ ସୁବର୍ଣ୍ଣ ଜ୍ୟୋସ୍ନା ପରି ଆବୋରି ରହିବୁ ଦିଗ୍‌ବଳୟ।

ମୋର ନ'ଅଙ୍କ ସମୟ ଏବଂ ପୃଥିବୀର ସମସ୍ତ ସାଂକେତିକ ଫିସାଦ ଭିତରେ,
ଦେହର ଧୂଳିମଳି ଓ ଆମ ଖଟ ପାଖରେ ଧୂପ ଦାନର କର୍କଶ ପାଉଁଶ,
ଅପରେଶନ୍ ଟେବୁଲ୍‌ର ସମୁଦାୟ ତୁଚ୍ଛତା ଭିତରେ ବି ବେଳେବେଳେ
ସୂର୍ଯ୍ୟୋଦୟ ହୁଏ ରେ ହୃଦୟେଶ୍ୱରୀ ! ଆମ ପାପର ସୀମା ନିର୍ଣ୍ଣୟ ପାଇଁ।

ଏବଂ ସୂର୍ଯ୍ୟର ଗତି ସାଂଗରେ ତୋର ଅମୂଲ୍ୟ ରତ୍ନ ଦେହର କ୍ଷୟ ହୁଏ, ସୁନ୍ଦରୀ।
ମନ୍ଦିର ଗାତ୍ରରୁ ଚୂନ ଖସିଲା ପରି ତୋ'ର କାନ୍ଧର କେଶରରୁ ଖସିଯାଏ ପରାଗ।
ଏହା ଯଦି ପାପ ରେ ହୃଦୟେଶ୍ୱରୀ ! ମୋର କ୍ଷଣିକ ଉଲ୍ଲାସର ମରକତ ପାତ୍ରରେ
ସଂଚିତ ହେଉ ତୋ'ର ମୁକ୍ତି, ଅନିର୍ଦ୍ଦିଷ୍ଟ ପାରଦ ପରି ତୋ'ର ନିଶ୍ଚିନ୍ତ ଯୌବନ।

(ଚାରି)

ତୋ' ପାଇଁ ହୃଦୟେଶ୍ୱରୀ ! ପାନ ରଖିଚି, ଗୁଆ ରଖିଚି,
ଘୋଡ଼ା ରଖିଚି, ଗାଡ଼ି ରଖିଚି, ମୟୁରପଙ୍ଖୀ ଶାଢ଼ୀ ରଖିଚି,
ଭୋକ ରଖିଚି, ପାସ୍ ବୁକ୍ ଓ ଫୁଲ ରଖିଚି; ଆ, ତୁ

ଆସି ଦେଖିନେ' ତୋ' ପାଇଁ ପାନ ରଖିଚି, ଗୁଆ ରଖିଚି ..

ଆକାଶର ନୀଳ ଘୋଡ଼ାରେ ଚଢ଼ି ଯେ ମଧ୍ୟାହ୍ନଟି ଆସିଚି, ହୃଦୟେଶ୍ୱରୀ,
ସେ ମୋର ପାପ, ମୋର ପ୍ରସିଦ୍ଧ ଦେହ, କାରୁଣିକ ଗେରୁଆ ସୂର୍ଯ୍ୟର
ତା' ଅନୁକମ୍ପା।

ମତେ ସୁଖ ଲାଗି ସଫେଇଦେବାକୁ ହୁଏ ରେ ହୃଦୟେଶ୍ୱରୀ,
ଦୁଃଖ ଲାଗି ଡାକି ଆଣିବାକୁ ହୁଏ ପ୍ରଚ୍ଛଦରେ ଚିତ୍ରିତ ପ୍ରହରୀମାନଙ୍କୁ।

ତୁ ମୋର ହାତ ନେଇ ବଢ଼ାଇଦେଉ ଅନ୍ୟ ପୃଥିବୀକୁ, ପରିହାସରେ,
କାରଣ ସେ ପୃଥିବୀ ତୁ ନିଜେ, ତୋର ଅବୟବ, ଉପତ୍ୟକା, ନିଘଞ୍ଚ
ପଳାଶର ଜଙ୍ଗଲ, ମହାଯୁଦ୍ଧର ନିଆଁ ଓ ଆବେଗ ପରି ତତ୍ପର,
ଅଥଚ ଗୋଟିଏ ଚୁମ୍ବନରେ ତୁ ସଙ୍ଗୋଳି ନେଉ ତୋ'ର ଅନିର୍ଦ୍ଦିଷ୍ଟ ସ୍ୱପ୍ନକୁ
ଶିଶୁକୁ ଜନନୀ ଯେହ୍ନେ କୋଳକୁ ନିଏ।

ବାସ୍ ବାସ୍-ଅନିଦ୍ରା ଥିବା କୋଇଲିର ଡାକ ସତ୍ୟ ନୁହେଁ, ଘାସ
ନୁହେଁ ଆତ୍ମାର ଆବହମାନ କ୍ଷୟ।

ଏଯାବତ୍ ଅଦୃଶ୍ୟ ସତ୍ୟଟି ଉଡ଼ିଯାଏ ତୋ'ର ଶଙ୍ଖମର୍ମର କାନ୍ଧ ଉପରେ।

ଆ' ତୁ' ହୃଦୟେଶ୍ୱରୀ, ଦେଖି ନେ' ତୋ'ପାଇଁ ପାନ ରଖିଚି ଗୁଆ ରଖିଚି...

(ପାଞ୍ଚ)

କି ଆଶ୍ଚର୍ଯ୍ୟ ଲୋଭ ତତେ ଗୋଡ଼ାଇଥାଏ ଭ୍ରମର ପରି,
ଲାବଣ୍ୟବତୀ ଯେମିତି ପୋଖରୀରେ ଅସ୍ତବ୍ୟସ୍ତ -
ପଦ୍ମପରି ମୁହଁ ନା ପ୍ରକୃତରେ ପଦ୍ମ ଫୁଲ ? ତୋ'ର ତ

ଧାନକେଣ୍ଡା ପରି ଦେହ ସୁବର୍ଣ୍ଣ, ନହକା, ହନ୍ତସନ୍ତ ବିଚିତ୍ର ମହକରେ,
ଓ ତୋ'ର ମନ ବିଫଳ ଶୁକ୍ଳ ପକ୍ଷର ଚନ୍ଦ୍ରମା ଏକାନ୍ତ ଉଦାର।

କଣ୍ଟାଝଣ୍ଟା ତୋ' ପାଦରେ ଅନିୟମିତ ଅଳତା ପିନ୍ଧାଇଦେଲା ପରେ,
ବୁଢ଼ା ଗଛଙ୍କ ଶିଉଳି ତୋ'ନିଶ୍ୱାସରେ ତରଳିଗଲା ପରେ,
ସହଚରୀଏ ଅନେକ ଆଗରେ, ଉଚ୍ଚାଟ କୌତୁକରେ
ସଖି, ଏ ଫାଜିଲ ବୁଦାକୁ ଦେଖ୍ ତ, କାନି ଛାଡୁନି।

ଯା', ବୁଦା ଜଳିଯାଏ ମୋ'ର ଆକୃତି ପରି, ଇଚ୍ଛା ପରି, ଅଭିମାନ ପରି
ନିସ୍ପନ୍ଦ ଅଭିମାନରେ।

ମୁଁ ତୋ'ର ଲୋଭ, ପ୍ରତିଷ୍ଠା ମଲା ସାପଙ୍କ ସାମ୍ରାଜ୍ୟରେ,
ଯାହାକୁ ଟପିଟାପି ଆସି ତୁ ଠିଆ ହୋଇଚୁ ଏ ଖରାର
ଚିରାଚରିତ ଫୁଟ୍‌ପାଥ୍‌ରେ।

ଏବେ ତୁ ନିଜେ ଲୋଭ, ଲୋଭ ପରି ଅସ୍ଥିର, ଚଞ୍ଚଳ।
ମୁଁ କ୍ଳାନ୍ତ ପଡ଼ୋଶିନୀର ସ୍ୱାମୀ, ଅସୁସ୍ଥ କିନ୍ତୁ ସ୍ୱଚ୍ଛଳ।

(ଛଅ)

ତୁ 'ମତେ' ଯେଉଁଦିନ ତୋଳିନେଲୁ ମୋ ସଂକୀର୍ଣ୍ଣ ସଂସାରରୁ
ମୁଁ ଜାଣିନଥିଲି ମତେ କଥା କହିବାକୁ ହେବ ବୋଲି,
ମୁଁ ଜାଣିନଥିଲି ମତେ କଥା କହିବା ଆସିବ ବୋଲି
ହଠାତ୍ ଦେଖିଲି ତୁ ବାଲିରେ କାଟି ଦେଉଚୁ ଗାର
ଯାହାକୁ ଡେଇଁଗଲେ ପୁଣି ଦୁଃଖ, ପୁଣି ସେଇ ବିପନ୍ନ ସଂସାର।

କଥା ଭିତରେ ମୁଁ ମୋର ଲୋଭ ଭୁଲିଗଲି।
ତୋ' କଥାର ଜଳଦସ୍ୟୁମାନେ ତ ସମୁଦ୍ର ଆଣିଦେଲେ!

କଥା ଭିତରେ ମୁଁ ମୋର ପାପ ଭୁଲିଗଲି
ତୋ'କଥାର ପରୀମାନେ ଶୁଭ୍ର ଓଢ଼ଣିରେ ଢାଙ୍କି ଦେଲେ ମୋ' କଥାର ଶବକୁ।
ଏବେ ଆଉ କଥା ନାହିଁ।

ତୋ'ସନ୍ଦେହୀ ଉତ୍ସାହରେ ଆଲୋକିତ ଗୁମ୍ଫା ଭିତରେ
ଖାଲି ଦୃଶ୍ୟ, ଦୃଶ୍ୟ ନିର୍ଲିପ୍ତ କଠୋରତାରୁ
ଦର୍ପଣରେ ମୋ' ମୁହଁ ବହୁ ବିଚିତ୍ର ଭଙ୍ଗିମାରେ ବିଧ୍ୱସ୍ତ।
ଦୃଶ୍ୟ ନିଷ୍ପାପ କରୁଣତାର
ସ୍ମୃତିରେ ତୋ'ର ଦୀର୍ଘ ଦେହ ବହୁ ବିଚିତ୍ର କାମନାରେ ଅସୁସ୍ଥ।

(ସାତ)

ଗୋଟିଏ ହତୋତ୍ସାହର ଦ୍ୱୀପରୁ ଆଉ ଗୋଟିଏ ଦ୍ୱୀପକୁ
ଏ କ'ଣ ଯାତ୍ରା, ହୃଦୟେଶ୍ୱରୀ, ଜୀବନର, ଯୌବନର
ଏ କ'ଣ ମହାଯାତ୍ରା ? ସିଦ୍ଧ ପୁରୁଷଙ୍କ ଇତିହାସରେ ?

ତୋ'ର ଲଳିତ ଅଙ୍ଗ ମୋର କୋଳକୁ ତୋଳିନେଇ ମୁଁ
ବନ୍ଧୁକୁ କହିଚି ଏ ବେଶ୍ ନିରାପଦ, ସଖାକୁ କହିଚି, କହିଚି ସୋଦରକୁ।
କାକରଭିଜା ରଜନୀଗନ୍ଧାର ଓଢ଼ଣା ଜାଣି ନେଇଚି
ଚିହ୍ନି ନେଇଚି ଆଦିମାତା ଦେହର ବାସ୍ନା, ବାସ୍ନା ମାଟିର।

ମୁଁ ଜାଣେ ମୋର ମୃତ୍ୟୁ ହେବ ସର୍ପ ଦଂଶନରେ, ଚଉଠି ରାତିରେ।
ମୁଁ ଜାଣେ ମୋର ଏକାନ୍ତ ଅଭିମାନଟି ଅମାବାସ୍ୟାର ସମୁଦ୍ରରେ
ଭାସି ଭାସି ଚାଲିଯିବ, ନାଚି ନାଚି ଭାସିଯିବ ସୁଦୂର ସ୍ୱପ୍ନକୁ।

ତୁ ଯେମିତି 'ଛାଡ଼ କିଏ ଆସିବ' କହି ଖସିଯାଇଚୁ ସୁବର୍ଣ୍ଣ ସାପ ମୋର
ସାୟା, ସିମେଣ୍ଟ ଓ ଛାଇର କକ୍ଷା ସରିଥିବା ଅଙ୍କ ଭିତରକୁ।

ଉତ୍ୟକ୍ତ ଆଶ୍ୱାସନାରେ ମୁଁ ବିଭୋର, ସତେ ଯେମିତି
ଆକାଂକ୍ଷିତ ପ୍ରଶ୍ନଟିର ଉତ୍ତର ମୋର ମୁଖସ୍ଥ।

(ଆଠ)
ଷ୍ଟେସନ୍‌ମାନଙ୍କର କାମ କ'ଣ ?
ଲୋକଙ୍କୁ ଏକାଠି କରିବା
ଅନେକ ଦିନର ଅନେକ ଲୋକଙ୍କର
ସୁଖ ଦୁଃଖକୁ ଏକାଠି କରିବା, ବାଣ୍ଟିଦେବା ।

ଅପେକ୍ଷା କରିଥିବା ଏମାନଙ୍କୁ ଦେଖ୍ ତ,
କିଏ କାହାର ହଠାତ୍ ଚିହ୍ନା, କିଏ ଅଚିହ୍ନା, ସଞ୍ଜର ଆଲୁଅରେ
ସବୁ ମୁହଁରେ ଆଶ୍ରୟର ଭାବ,
ସେ ମତେ ଚା' କପେ ଦେଇପାରେ, ମୁଁ ପଚାରିପାରେ
ତା' ବଡ଼ପୁଅ କ'ଣ ପଢୁଛି ।
ଢୁଳାଉଥିବା ଲୋକଟି ହଠାତ୍ ଆଖି ମଳି ମଳି କହିପାରେ
ପ୍ରଧାନମନ୍ତ୍ରୀ କେବେ ଆସିବେ ?
ଚନ୍ଦା ବୁଢ଼ାଲୋକଟି ଲୁଚେଇ ଲୁଚେଇ ଦେଖିପାରେ
ଗର୍ଭବତୀ ଯୁବତୀଟି କୋଉ ପତ୍ରିକା ପଢୁଛି ।
ସବୁ ଚୁପ୍‌ଚାପ୍ ବା କଥା ଅର୍ଥହୀନ
ଯା' କାଲି ପହଞ୍ଚି ଗଲାପରେ ମନେ ପଡ଼ିବ ନାଇଁ ।
ଷ୍ଟେସନ୍‌ମାନଙ୍କର କାମ ଏୟା ।

ଅଥଚ ଆମ ଦୁହିଁଙ୍କୁ ଟ୍ରେନ୍‌ରୁ ଓହ୍ଲାଇଦେଇ
ରିକ୍‌ସା ଡାକି ପଠେଇଦେଲା
ତତେ ଉତ୍ତରକୁ ତ ମତେ ଦକ୍ଷିଣକୁ ।
ଅଦୃଶ୍ୟ ପବନ ଉପରେ ଭରସା କ'ଣ ?
ତେଣୁ ତୋ'ର ହାତକୁ ଚାପିଧରି କହିଲି 'ଚିଠି ଦବୁ' -
ଉତ୍ତରରେ ତୁ କହିଲୁ 'ଭରସା ରଖ, ଉତ୍ତରର ହେଲେ ବି ମୁଁ ତମର ।'
ତୋ' ରିକ୍‌ସା ଚାଲିଯାଇଚି କି ନାଇଁ ପଡ଼ିଲା ବର୍ଷା
ଟପ୍‌ଟପ୍ । ମୋର ଚାଲିବାର ଅହଂକାରକୁ ଓଦା କରିଦେଲା ।
ପାଖ କଚେରିର ବାରନ୍ଦାକୁ ମୁଁ ଉଠିଗଲି ଆଶଙ୍କାରେ
କାଳେ ମୋର ଦୋଷ ହୋଇଚି, ସମୟ ଦଣ୍ଡ ଦେବ ।

ବର୍ଷା ଧାଇଁଲା ତୋ' ପଛେ ପଛେ, ସତେ ଯେମିତି
ତତେ ଫେରାଇ ଆଣିବ, ଷ୍ଟେସନ୍‌ର ଗୌରବ ଅକ୍ଷୁର୍ଣ୍ଣ ରହିବ।

ସତ ଟି କ'ଣ ଜାଣୁ ? ଏକାଠି ହେବା ସମସ୍ତେ,
ତା'ପରେ ଯିବା। ଯେଝା ବାଟରେ ଯିବା ଯେ, କେବେ
ମେଘକୁ ତ କେବେ ବନ୍ଧୁ ଘରକୁ। କେବେ ସ୍ୱର୍ଗକୁ ତ
କେବେ ହୋଟେଲ୍‌କୁ।

ତା'ପରେ ବର୍ଷା ଛାଡ଼ିଗଲା।

ନିଶାଖୋର୍ ନିଝୁମ୍ ରାତି ୨ ଟାରେ ମୁଁ ରିକ୍‌ସା କଲି
ତୋ' ଘର ଖୋଜିବି ବୋଲି।
ତତେ ଖୋଜିବି ବୋଲି।
ରାସ୍ତାର କାଁ ଭାଁ ସାଇକେଲ୍‌ବାଲା ଓ କନେଷ୍ଟବଲ୍‌ଙ୍କୁ
ପଚାରିଲି, ତୋ' ଘର ଖୋଜିବି ବୋଲି।
ତତେ ଖୋଜିବି ବୋଲି।
ଅଦୃଶ୍ୟ ପବନକୁ ଆସ୍ତେକିନା କହିଲି ଦେଖେଇ ଦେ'
କୋଉ ଝରକାରେ ଦିଶିବ ତା'ର ଶୀର୍ଣ୍ଣ ଦେହ।
ରେଲିଂ ଭାଙ୍ଗିବି ? ନା, ମୁଁ ଚୋର ନୁହେଁ।
ପାଚେରୀ ଡେଇଁବି ? ନା, ମୁଁ ଚୋର ନୁହେଁ।
କବାଟରେ ହାତ ମାରି ଡାକିବି ? ନା ମୁଁ ଚୋର ନୁହେଁ।
କେହି କହିପାରିଲେନାଇଁ ତୋ' ଘର କେଉଁଠି।

ଆଗରୁ ଶୁଣିଥିଲି,
ମୁକ୍ତି ମିଳିଯାଏ ଏ ସହରରେ, ସହଜରେ
ପୁରୀରେ।

(ନଅ)
ଗେଟ୍ ଖୋଲି ମୁଁ ବାହାରି ଆସିଚି, ଦେଖ୍
ତୋ' ପାଇଁ, ଖାଲି ତୋ' ପାଇଁ,
ଶୁଖିଲା ପତ୍ର ଭିତରେ ବୋଧହୁଏ ନିର୍ଭୀକ ସାପ,
ଅହଙ୍କାରୀ ଅନ୍ଧାର ଓ
ମୁଁ
ଅନ୍ଧ।

ତୋତେ ଖୋଜିବାପାଇଁ ମୁଁ ଅନ୍ଧାର।

ନଈଘାଟରେ, ମୋର ବାଁ କାନ୍ଧରେ
ଆକାଶର ଶେଷ, କୁଣ୍ଠିତ ନକ୍ଷତ୍ରଟି ପରି ଆସି
ବାଜେ ତୋ'ର ନିଃଶ୍ୱାସ,
ଏକ କାଞ୍ଚନିକ ବାହୁଡ଼ାବିଜେର ଔଦ୍ଧତ୍ୟ
ମୋତେ ବାଟ କଢ଼ାଇ ନେଉଥିଲାବେଳେ
ତୁ କେଉଁ ଘଞ୍ଚ ତୋଟା ଭିତରୁ ଝୁମ୍‌ଝୁମ୍
ହୋଇ ଦୌଡ଼ି ଆସି
ଝୁଲି ପଡୁ ମୋ' ବେକରେ,
ପୁରୁଣା ପୃଥିବୀକୁ କହୁ, 'ଯା', ଯା'।'

ମୋ' ପ୍ରାସାଦ ଭାଙ୍ଗି ପଡ଼ିବା ଭୟରେ ମୋ ନିଦ ଭାଙ୍ଗେ,
ଜ୍ଞାତିଙ୍କ କୋଳାହଳର ବର୍ଷା ଓ ତୀରରେ ମୁଁ ରକ୍ତାକ୍ତ,
ବିଦେଶୀ ବଣିକଙ୍କର ଚରମ ପତ୍ର ପାଇ ମୁଁ ବିବ୍ରତ।
ଏହା ହିଁ ଶେଷ, ଶେଷ ଖ୍ୟାତି, ଶେଷ ବିପର୍ଯ୍ୟୟ।

(ଦଶ)
ଏ ପଂଝାକ କି ପକ୍ଷୀ
ଯେଉଁମାନଙ୍କ ରଙ୍ଗୀନ୍ ଗହଣରେ
ମୋତେ ଆଉ ମୋ ସମୟକୁ ଛାଡ଼ିଦେଇଗଲୁ ?

ତୋ' ପୃଥିବୀରେ ଆଉ ସାୟାହ୍ନ ଅଛି ତ ?
ଅଛି ନଦୀ ଶଯ୍ୟାରେ ଗୋଡ଼ି ଗଡ଼ିଯିବା ଭଳି ସମ୍ଭାବନା ?
ଅଛି ଶୁଖିଲା ପତ୍ରର ଆକୁଳ ଆକାଶ ?

ମୋ' କୋଳରେ ତୋ'ର ମୃତ୍ୟୁକୁ
ଶିଶୁପରି ଛାଡ଼ି ଦେଇ
ତୁ ପଦାକୁ ବାହାରିଗଲୁ, ବର୍ଷାକୁ,
ଖେଳପଡ଼ିଆ କଡ଼ର ରାସ୍ତାକୁ ।

ସବୁ ସୁଖ ଏହିପରି
ସମୟରୁ ବହିର୍ଭୂତ,
ଲୋକସମାଗମ ଭିତରେ
ଉପରକୁ ଉଠୁଥିବା ବେଲୁନ୍ ପରି
ସେ କାହାର ନୁହେଁ ।

ଏଥର ମୋର ଗଦ୍‌ଗଦ ପ୍ରାଣ
ଲୋଟାଇ ଦେଉଚି
ତୋ' ଦେଶର, ତୋ' ଇତିହାସର ଭଙ୍ଗା ଅଗଣାରେ
ମୋର ଦୁଃଖୀ ସକାଳର ପାଖୁଡ଼ାରେ ।

(ଏଗାର)

ସିଂହର ଅଣ୍ଟାରେ ହାତ ରଖି
ପର ମୁହୂର୍ତ୍ତରେ
ତା' ପିଠି ଆପୁଡ଼ାଇଦେବା ହିଁ ତ ଖେଳ;
ସେ ବୁଲି ଚାହିଁଲା ବେଳକୁ ତମେ ଅଦୃଶ୍ୟ
ବା ଅଦୃଶ୍ୟ ହୋଇଯିବାର ଇଚ୍ଛାରେ ମତ୍ତ ।

ନିଜେ ଅଦୃଶ୍ୟ ହେଲେ ଆଉ କିଛି
ଦୃଶ୍ୟ ହୁଏ ନାହିଁ, ଈଶ୍ୱର ନ ହେଲେ ।

ତେଣୁ ତ ଏ ସାମାନ୍ୟ ପୋକଟି ତା'ର ଗାତ ଭିତରୁ
ଶୁଣ୍ଢ ଦେଖାଇ ଜାହିର କରେ ଅସ୍ତିତ୍ୱ।

ଆମର ଭୋକ ମରିଯିବାର ବେଳ ହେଲାଣି
ସତ, ଆମର ସ୍ୱପ୍ନ ନିଭିଯିବାର ମୁହୂର୍ତ୍ତ
ଆସିଲାଣି, ଅଥଚ ଦେଖ୍ ତୋ'ର
ସିଂହକଟିରେ ହାତ ମାରିବା ସରିନାହିଁ,
ସରିବ ନାହିଁ ପୃଥିବୀ ଦୃଶ୍ୟ ଥିବାଯାକେ।

ସୁଖଦୁଃଖ

ସବୁ ସୁଖର ଶେଷ ଅଛି । ଏଭଳି ନିଷ୍ଠୁର ସତ୍ୟର
ସାମ୍ନାସାମ୍ନି ହୁଏ ଏପ୍ରିଲ୍‌ରେ ବି ।
ପଳାଶ ଯଦିଓ ବୁଝେନା, ବୁଝେନା
ନଈକୂଳରେ ଖିଲ୍ ଖିଲ୍ ହସୁଥିବା ପବନ ।
ଜାମା ଓହ୍ଲାଇ ଦେହର ନଗ୍ନତାକୁ ଧିକ୍‌କାର କରିବାକୁ ହୁଏ ।

ମୁଁ ଏଠି ବସିଚି, ତୁ ତୋ'ର ଦୁଃଖକୁ ଧରି ଆ',
ଘଣ୍ଟା ପଡ଼ିବ ଯେମିତି ଧାଇଁ ପଳାଇଆସିବା
ବାହାରକୁ, ଖେଳପଡ଼ିଆକୁ ଏବଂ ଖେଳିବା, କୁଦିବା,
ଯା' ଶେଷ ନୁହେଁ ତା'କୁ ଶେଷର ଫାନ୍ଦରେ ଧରିବା ।

ଶୀର୍ଣ୍ଣ ପାଣିଧାରରେ ଏପରି କିଛି ଭୟ ନାହିଁ ଯେ
ଅଣ୍ଟା ବୁଡ଼ିଯିବ, ଜବାକୁସୁମସଂକାଶ ସୂର୍ଯ୍ୟର ଉଦ୍ଦୀପନା
ହଠାତ୍ ମଳିନ ହେବ । ବହିଯିବା, ବା ଉଡ଼ିଯିବା,
ଦେଖ୍, ଏ ପକ୍ଷୀର, କି ସାବଲୀଳ !
ଆରମ୍ଭ ନାହିଁ, ଶେଷ ନାହିଁ, ଶୋକ ନାହିଁ ।

ଖେଳର ନିୟମ ସବୁ ଯେତେ ଯାହା ସ୍ନାୟୁ ପରି ଜଟିଳ,
ଖେଳ ରାଧା ମୁଣ୍ଡର ଭରା ପାଣି ମାଠିଆକୁ
ଢେଲା ଫିଙ୍ଗିବା । ଭୁଲ୍ ନୁହେଁ, କିନ୍ତୁ
ଭୁଲ୍‌ରେ ଭୁଲ୍ ବୋଲି କହି ଦିଆହୋଇଚି ଆଗରୁ
ସମୟକୁ, ବାଲି ଓ ଘାସକୁ ।

ବାଃ, ତୋ'ର ଲୁହ-ଡବଡବ ଆଖିର ବୈଚିତ୍ର୍ୟ ତ କମ୍ ନୁହେ !
ତୋ' ଆଲିଙ୍ଗନର ଉଷ୍ଣତା ଓ ଆକୃତି ମୋ' ଦେହର ଏପ୍ରିଲ୍;
ତେଣୁ ଯେତେବେଳେ ଖସିଯାଏ ଶାଢ଼ୀ ବା ସ୍ୱପ୍ନ ସୁଖର,
ଶେଷହୁଏ ଯେମିତି ଶେଷ ହେଉଛି ଏ ଦୁଃଖର, ବିଦାୟର ।

ସକାଳ

ସକାଳ ହେବା ଆଗରୁ କହି ଦେଇ ଯାଏଁ।

ସକାଳ ନିଶ୍ଚେ ଆସିବ
ଗୋଡ଼ ଲମ୍ବାଇ ବସିବ
ଏଇ ସମୁଦ୍ର ବାଲିରେ,
ତତେ ଡାକିବ, ମୋତେ ଡାକିବ
ଡାକିବ ଝାଉଁ ଗଛକୁ, ସୂର୍ଯ୍ୟକୁ,
ଅନିଦ୍ରା ଥିବା କବିକୁ, ପ୍ରେମିକକୁ।
ତା'ର ଉଦାର କୋଳର ଅସଂଗତିକୁ ଭରିଦେବ
ଅର୍ଥରେ, ଧର୍ମରେ, କାମନାରେ, ମୋକ୍ଷରେ!

ଅର୍ଥ : ଯାହା କାଲି ସନ୍ଧ୍ୟାରେ ସମୁଦ୍ରର ଲବଣ ନିଃଶ୍ୱାସରେ
କ୍ଷୟ ହେବା ଆଗରୁ ସଂଚିତ ହୋଇଗଲା
ମୋ' ଆତ୍ମାର ନିଭୃତତମ ପକେଟ୍‌ରେ;
ଧର୍ମ : ଯାହା ତୋ'ର ଦୁଆର ଆଗରେ
ମୋର କ୍ଷୁଧାର୍ତ୍ତ ଅପେକ୍ଷାରେ ପ୍ରତିବିମ୍ବିତ ହୋଇଗଲା
ମୁହୂର୍ତ୍ତକ ପାଇଁ;
କାମନା : ଯାହା ବିଳମ୍ବିତ ଶିଶୁଟିର ସମ୍ଭାବନାରେ
ଅସ୍ଥିର, ଉଦ୍ଦାମ କରିଥିଲା ତୋ'ର ଗର୍ଭକୁ;
ମୋକ୍ଷ : ଯାହାକୁ ମୁଁ ଉପହସିତ ପାପୀ ବନ୍ଧୁ ରୂପରେ
ଛାଡ଼ିଦେଲି କାଲି ସନ୍ଧ୍ୟାର ଏକ୍‌ସପ୍ରେସ୍‌ରେ।

ସକାଳ ସବୁଥିର ଦର୍ପଣ ହୋଇ ଆସିବ
ତୋ'ର ଡ୍ରେସିଂ ଟେବୁଲ୍‌କୁ,
ସାଢ଼େ ଆଠଟାବେଳେ ଭାଙ୍ଗୁଥିବା ମୋର ଅସଭ୍ୟ ସ୍ୱପ୍ନକୁ।
ଦେଖିବୁ ହୃଦୟେଶ୍ୱରୀ! ବର୍ଣ୍ଣବିଭବ ସକାଳର
ତୋର ପରିଚିତ ଉଦାତ୍ତ ଆକାଶରେ;
ସୁଖ ତୋ'ର ନୁହେଁ କି ମୋର ନୁହେଁ
ସୁଖ ଆମର, ଅଥଚ ପ୍ରଚାରିତ
ବିଦେଶୀ ସମୁଦ୍ରର ଫେନମୟ ଉଚ୍ଛ୍ୱାସରେ,
ରଂଗୀନ ପକ୍ଷୀର ଉଲ୍ଲାସରେ,
ତୋ'ର ଗୋପନ ସ୍ୱାସ୍ଥ୍ୟ ପରି କଠିନ, ସୁଠାମ,
ଦୀର୍ଘଜୀବୀ ସେ ସୁଖ
ମୋ କଟିଦେଶରୁ ଉଚ୍ଚାରିତ ଶବ୍ଦ ପରି;
ରକ୍ତ ପରି, କ୍ଷୀର ବିନ୍ଦୁ ପରି,
ଅନାଗତ ଶିଶୁଟିର କୋମଳ ହସ ପରି।

ମୁଁ ପାଗଳ ହେଲେ ବି ସମାହିତ ଏ ମୃତ୍ୟୁରେ
ଯା' ସକାଳ ନେଇ ଆସିବ ତା'ର ଉଜ୍ଜ୍ୱଳ ପ୍ଲେଟ୍‌ରେ
ଏକାନ୍ତ ମନ୍ଦାର,
ତୁ ନେଇ ଆସିବୁ
ମୋର ନିଦ୍ରିତ ମଶାରି ଭିତରକୁ
ଗରମ ଚା'କପ୍‌ରେ।

'ତୁ ମୋର ସକାଳ, ମୋର ସଂସାର' ମୋର ଭୁଲ୍
ମୋର କୃତିତ୍ୱ, ମୋର ଯାଦୁଖେଳ
ଲୋକଙ୍କ ବଜାରରେ।

ଏବେ ଝିଙ୍କାରୀ ହେଲେଣି କ୍ଳାନ୍ତ, ପବନ ଅଦୃଶ୍ୟ ନୁହେଁ,
ପତ୍ର ଝଡ଼ି ପଡୁଚି ପାତଳା ଅନ୍ଧାରରେ,

ବାଲି ଖସି ଯାଉଚି ନିରୋଳା ବାଲିବନ୍ତରୁ,
ଫୁରୁ ଫୁରୁ ଉଡୁଚି ବାଳ ତୋ'ର
ମୋ' କାନ୍ଧ ଓ ବେକର ପରାଜିତ ରାଜ୍ୟରେ;
ନିଦ୍ରାହତ ହାତରେ ଆଉଁଷି ଦେଲା ବେଳେ
ତୋ'ର ଆଲୁଳାୟିତ ପିଠି
ମନେହୁଏ ନିଦ୍ରାରେ ହିଁ, ସ୍ୱପ୍ନରେ ହିଁ
ଭଲ ପାଇ ହୁଏ ଏ ପୃଥିବୀକୁ, ସମୁଦ୍ରକୁ, ବ୍ୟାକୁଳ ପଡ଼ୋଶୀକୁ,
ନିଦ୍ରାରେ ହିଁ ମିଳେ କ୍ଷମା,
ମିଳେ ଶାନ୍ତି ଯା' ଅଯଥା ଗ୍ଲାନିରେ ମୁଖର
ଭୟଭୀତ ଅନେକ ମଧ୍ୟାହ୍ନରେ, ରିକ୍‌ସାରେ, ଅକସ୍ମାତ୍ ଦେଖାରେ।

ଏବେ ତାର ଓ ନକ୍ଷତ୍ର ଚାଲିଲେ ଦୂରକୁ ଦୂରକୁ;
ଅଯୋଗ୍ୟ ମାଟି ଓ ଝାଉଁଗଛ, ଘର ଓ ସମୁଦ୍ର,
ଅଯୋଗ୍ୟ ଲାଳସା ଏ ଦେହର, ହାତର, ପଲଙ୍କର,
ଅଯୋଗ୍ୟ ସହର, ଜାତି, ଇତିହାସ, ଅଯୋଗ୍ୟ ଏ ଗ୍ରହ।

କ୍ଳାନ୍ତ ବାହୁର ବେଢ଼ାରେ ଯେ ଆଲୋକକୁ, ଦେବତାକୁ
ବାନ୍ଧି ରଖିଛୁ, ସୁନ୍ଦରୀ! ତୋ' ଦୀର୍ଘ ନିଃଶ୍ୱାସର
କନିଅର, କାଠଚମ୍ପା ଡାଳରେ,
ତା' ଆକସ୍ମିକ ସତ୍ୟ, ଅଥଚ
ଆକସ୍ମିକ ସତ୍ୟରେ ହିଁ ମୂଲ୍ୟବାନ୍ ତୋ'ର ଯୌତୁକ।

ଏବେ ସମସ୍ତେ ଉଠିବେ ସିଂହ ଓ ଶଶକ,
ହିଂସ୍ର ସମ୍ରାଟ୍, ବିଜିତ ମୂଷିକ-ସୈନିକ,
ପରିବର୍ତ୍ତିତ ଆହ୍ଲାଦରେ ଗେଣ୍ଡା ଚାଲିବ
ରୁକ୍ଷ ବଲ୍‌କଲର ଉଦାର ପିଠିରେ;
ଏବେ ପୁଣି ଲୋଭ ଉଦ୍‌ବାର୍ଯ୍ୟ ହେବ
ପ୍ଲାଟ୍‌ଫର୍ମରେ ଭିକାରୀର ସିଲ୍‌ଭର୍ ଗିନାରେ,
ଏବେ ପୁଣି ଗୋଲ୍ ଗୋଲ୍ ଅତିକାୟ ଡୋଳା ଖୋଜିବ ସନ୍ନ୍ୟାସୀ,

ଗରୁଡ଼ସ୍ତମ୍ଭ ଆଗରେ ଡାକିବ 'ନୟନ ପଥଗାମୀ ଭବତୁ ମେ',
ଏବେ ପୁଣି ଚିତ୍କାରରେ ଭର୍ତ୍ତି ହେବ ଅଣ୍ଟି
ସମୁଦ୍ରର, ସହରର, ସମୟର ।

କେହି ଦେଖିବେ ନାହିଁ, ଶୁଣିବେ ନାହିଁ,
ଏକ ନିଷ୍କରୁଣ ଆଖିର ପଲକ ପଡ଼ିଯିବାର ଦୃଶ୍ୟ,
ଏକ ନିଷ୍କରୁଣ ଆଖିର ପଲକ ପଡ଼ିଯିବାର ଶବ୍ଦ;
ଶିଶିର ବିନ୍ଦୁ ଶୁଭ୍ରତର ହେବ ଅନ୍ଧାରରେ,
ଅନ୍ଧାରରେ, ସ୍ୱପ୍ନରେ ହିଁ ସତ୍ୟ ଲୁଚିଯିବ;

ଏବଂ ସମୁଦ୍ରର ନିବିଡ଼ ନୀଳିମା ଭିତରେ
ଆସ୍ତେ ଆସ୍ତେ ହଜିଯିବ, ଅଦୃଶ୍ୟ ହେବ
ଆମର ଜାହାଜ,
ଦୀର୍ଘ ଦୁଇବର୍ଷର ଆକୁଳ ପ୍ରାର୍ଥନାର ରକ୍ତମାଂସ,
ଅସ୍ଥିର ଥରଥର ପ୍ରାଣ ।

ସମୁଦ୍ର ସବୁ ଗିଳି ପକାଏ, ସମୁଦ୍ର ରାକ୍ଷସ,
ସମୁଦ୍ର ମୋତେ କ୍ଷଣିକ ଆଶ୍ୱାସନାରେ ବିଭୋର କରିଦିଏ,
ସମୁଦ୍ର ତତେ ମିଛ କହି ଫେରାଇ ଦିଏ ଏକାନ୍ତ ଗୁଂଫାକୁ ।

ସକାଳ ହେବା ଆଗରୁ ପଚାରି ଦେବା ଚାଲ୍
ସେଇ ଅପରିଚିତ ଅତିଥିକୁ
ଯାହାର କଥା ଆମେ ଶୁଣିନେ ସ୍ୱପ୍ନରେ
ଯାହାର ଦୀର୍ଘ ପୋଷାକ ମିଶିଯାଏ
ଅପସରି ଯାଉଥିବା ଅନ୍ଧାରରେ,

ଏଇ ବିନ୍ଦୁଏ ଶିଶିର କ'ଣ ସବୁ ଅର୍ଥର ଅର୍ଥ
ସଜ କାଠଚମ୍ପାର ପାଖୁଡ଼ାରେ ?
ତୋ'ର କ୍ଲାନ୍ତ ଦେହର ପୁଷ୍ପିତ ଶବାଧାରରେ ?

ଏ କ'ଣ ଆମ ଆକୂତିର ଉତ୍ତର ?

ଏ ବିନ୍ଦୁଟି କ୍ଷୀର କରିଦିଅ ହେ ଅତିଥି
ମୋର ଅନାଗତ ଶିଶୁ ପାଇଁ, ମୋର ସକାଳ ପାଇଁ
କାଚ କାଞ୍ଚନରେ ମତ୍ତ ମୋ' ଭବିଷ୍ୟତ ପାଇଁ।

ଏଇ ଶୁଣ୍‌ ସୁନ୍ଦରୀ ! ପକ୍ଷୀ ଉଡ଼ିଯିବାର ଶବ୍ଦ,
ସମୁଦ୍ରର ଲହଡ଼ିରେ ଡଙ୍ଗା ନାଚିବାର ଶବ୍ଦ
ଅବାରିତ ସକାଳର ପାଦଶବ୍ଦ ବାରନ୍ଦାରେ,
ହିଂସା ଓ ଅହଂକାରର ଶବ୍ଦ, ଭୃଙ୍ଗ ଓ ମକ୍ଷିକାର,
ମୃଦଙ୍ଗ ଓ କରତାଳି, ମହାଯୁଦ୍ଧର ଶବ୍ଦ,
ହାହାକାର ବନ୍ୟାର, ଦୁର୍ଭିକ୍ଷର, ମଡ଼କର
ତୋଫାନ୍‌ର, ବିସ୍ଫୋରଣର, ବାତ୍ୟାର, ମୃତ୍ୟୁର
ରେରେକାର, ଜୟକାର, ହୁଙ୍କାର ଓ ଇକ୍ଷିକାର...

ସବୁ ଶବ୍ଦର ଅନ୍ତରାଳରେ ନୀରବତା,
ନୀରବତାର ଗଭୀର ଅସ୍ପଷ୍ଟ ସ୍ୱର;
ଦେଖ୍‌ ସେ ଆଖିର ପଲକ ପଡ଼ିଯାଏ,
ଆକାଶ ପରି ବିଶାଳ ଓ ନୀଳ ସେ ଆଖି।

ସବୁ ସତ୍ୟ ଏପରି ଅର୍ଥଭାରରେ, ଆଲୋକରେ
ନିରୀହ ଶାମୁକାଟି ପରି ବନ୍ଦ୍‌ ହୋଇଯାଏ,
ଲାଜକୁଳି ପତ୍ର ପରି ବୁଜି ହୋଇଯାଏ,
ଯାହା ଲୁଚି ଯାଉଛି ତା' ସତ୍ୟ;
ଖୋଲ୍‌ ତ ଦେଖି
ତୋ' ମୁଠା, ତୋ' ଦେହ, ତୋ' ସ୍ନେହ,

ସକାଳ ହେବା ଆଗରୁ ସବୁ ସହିଯାଏଁ।
ତୁ କିଏ ? ମୁଁ କିଏ ?

ମାୟାଦର୍ପଣ

(୧)
ତୁ କିଏ ? ମୁଁ କିଏ ?
ଫୁଲଚାଙ୍ଗୁଡ଼ି ବି ମନ ତୋ'ର ଫୁଲଚାଙ୍ଗୁଡ଼ି ଦେହ
ଚୋରାଇ
ତୋ' ସନ୍ତୋଷ ଓ ହସର
ବଉଳ ତୋଟା ଭିତରେ
ଖସି ପଳେଇ ଆସୁଥିଲାବେଳେ
ଟର୍ଚ୍ଚ
ମୁହଁରେ,

ପଶାଖେଳରେ ହସ୍ତିନା ଦ୍ରୌପଦୀ, ସବୁ
ଜିଣି ନେଲା ପରି
ହସ ସେମାନଙ୍କର;

ମୁଁ ଜାଣେ ମୁଁ
ପଶା କେମିତି ଖେଳନ୍ତି ଜାଣେନାହିଁ,
ଖାଲି ଜିଦ୍‌ରେ;
ଦୁର୍ଯ୍ୟୋଧନ ଜାଣେ ସେ
ଖେଳ କେମିତି ଜିଣନ୍ତି ଜାଣେ ନାହିଁ
ଖାଲି ଜିଦ୍‌ରେ।

ସବୁ ଏମିତି ଅଜ୍ଞତାରେ ଚାଲିଥାଏ
ଯେହେତୁ ସବୁ ମାୟା,
ତୁ କିଏ ? ମୁଁ କିଏ ? ମୁଁ
କ'ଣ ବା ଚୋରାଇ ଆଣେ,
ତୋ' ହସ ବା କି ଏମିତି ଫୁଲ !

(୨)
ଦିନେ-
ବେଶ୍ ରାତି ସେତେବେଳକୁ-ଫେରୁଚି । ଜଣେ
କହିଲା 'ରିକ୍‌ସା ରଖ୍', ଚିହ୍ନିଲି ।
ଗୋଟେ ଦୁଇଟା କଥା
ପରେ କହିଲା 'ଜାଣିଚ ? ବଟୁ ସିଂ
କାଲି ରାତିରେ ମରିଗଲା, କିଛି ହେଇନି
ହଠାତ୍ ରକ୍ତବାନ୍ତି ରାସ୍ତାରେ,
ଘରକୁ ନେଲା ବେଳକୁ ସବୁ ଶେଷ ।' ବିଚରା
ବଟୁ ସିଂ ଜାଣି ନ ଥିଲା ନିର୍ଜନ
ଲ୍ୟାଂପ୍ ପୋଷ୍ଟ୍ ପାଖରେ
ତିନି ଖଣ୍ଡ ତାସ୍ ଧରି
ମୃତ୍ୟୁ ବସିଥିବ ବୋଲି ।

ବିଲ୍ ଠିକ୍ ଥିଲେ
ଟଙ୍କା ମିଳିଯାଏ ଠିକ୍ ଟ୍ରେଜେରୀରୁ
ଜାଣି ଥିଲେ ବି କ'ଣ
            ଭୁଲ୍ ହୁଏନା ?
ସବୁଗୁଡ଼ିକ ଦସ୍ତଖତ୍ କ'ଣ କରିହୁଏ ?
ଜାଣିବା ନ ଜାଣିବାରେ ତେଣୁ
ଯାଏ ଆସେ ନା,

ସାମ୍ନାରେ ସବୁବେଳେ ସ୍କୁଲ୍‌ପିଲାଙ୍କର
କଅଁଳ ଗୋଡ଼ର ମାଡ଼
ଟାଣୁଆ ଫୁଟ୍‌ବଲ୍‌କୁ।

(୩)
ତୁ ମତେ ଜାଣିବା ଆଗରୁ (ତୁ କହିଲୁ)
ଭଲ ପାଇ ବସିଥିଲୁ।
ମୁଁ ଜାଣିବା ଲୋଭରେ
ତୋ'ର ବିସ୍ମୃତ କୂଳ ଆଡ଼କୁ ବାଟ ଧରିଲି।
ଆମେ ଦୁହେଁ - ମୁଁ ଝାଂପୁରା
ଅଶୋକ ଗଛ, ତୁ ତୋ'ର ପାଉଁଜି ପିନ୍ଧା
ଅଳତା ଗୁରୁଗୁରୁ ପାଦ, ଗୋଇଠା ପାଦର

କେତେବେଳେ ମୁଁ
ଫୁଲଭର୍ତ୍ତି ହୋଇଗଲି, ଜାଣିଲି ନାହିଁ।
ଏତେ ଫୁଲ, ଫୁଲର ବି ଓଜନ ଥାଏ !
ଯଦିଓ ଗାନ୍ଧୀଙ୍କ ଶବାଧାରରେ ଏବଂ
ଗ୍ୟାଗାରିନ୍ ଯେତେବେଳେ ଆସିଥିଲେ
ତାଙ୍କ ବେକରେ ଫୁଲ ଦେଖି
ଜାଣି ପାରି ନ ଥିଲି ଫୁଲର ଓଜନ ଥାଏ ବୋଲି।

ସଫଳତା ଫୁଲ ପରି,
ଭାରି ବୋଝ ତା' ବୋହି ବୋହି
ଝାଳନାଳ ହୋଇ
ମୁଁ ଚାଲିଚି, ଚାଲି ଆସିଚି ଏତେ ବାଟ। ଅବଶ୍ୟ
ଯାହା ମିଳିଚି ତା' ଯଦି ସଫଳତା ହୋଇଥାଏ।
କିଏ ଜାଣେ ?
ଲୋକେ ତ କହିଲେ
ଗଲା, ଗଲା, ମୂର୍ଖ ନିଜକୁ ନଷ୍ଟ କରିଦେଲା !

(୪)
ଆମେ ଦୁହେଁ ନ ଥିଲେ
କ'ଣ ପୃଥିବୀର ଭଲ ହୋଇଥାନ୍ତା ?

ଯଦି ଥା'ନ୍ତେ, ଏମିତି -
ତୁ ଆମ ପଡ଼ିଶାଘର ମଉସାଙ୍କ ଝିଅ,
ପିଲାଦିନେ ବାଡ଼ିଗଛରୁ
ପିଜୁଳି ତୋଳି ଦେଇଛି କେତେଥର,
ତୁ ବଡ଼ ହେଲୁ, ଶାଶୂଘର ଚାଲିଗଲୁ, ବାନ୍ଧବେ
ମିଷ୍ଟାନ୍ନ ଖାଇଲେ,
ମଉସାଙ୍କ ପ୍ରଭିଡେଣ୍ଟ୍ ଫଣ୍ଡ୍ କମିଗଲା। 'ଭାଇନା,
ପୁଣି ଆସିଲେ ଦେଖା' କହି ତୁ ଚାଲିଗଲୁ।
ଫୁଲ ଫୁଟି ଆସିଲାବେଳକୁ
ଇନ୍ଦ୍ର ସପତ ଦିନ ବୃଷ୍ଟି କଲା,
ଗିରି ଗୋବର୍ଦ୍ଧନ
ଉଠିଲା ବେଳକୁ, ବାସ୍, ଫୁଲ ଝଡ଼ିଗଲା।

ଆମେ ଭଲ ନ ପାଇଥିଲେ କ'ଣ
ପୃଥିବୀର ଭଲ ହୋଇଥାନ୍ତା ?
ଏବେ କ'ଣ
ଆମର ଉପାୟ ନାହିଁ
କହିବାକୁ
ଭୀମ ଭୋଇଙ୍କ ପରି
ଜଗତ ଉଦ୍ଧାର ହେଉ ?

ଆମେ ନଷ୍ଟ
 ହୋଇ ଯିବାର ନର୍କ ବି
 ଜଗତ ଭିତରେ,
ମୋ'ର ହାରିଯିବାର ଭୟ ଓ
ତୋ'ର ସବୁ ହରାଇଦେବାର ଶଙ୍କା।

ଅନ୍ଧ ଲୋକର ଭୟ ଏହି ପରି,
ନର୍କ ବାସ
ସୁଲୁ ସୁଲୁ ପବନ ବୋହିଲା ବେଳେ
ଦି'ପହରେ
ବୋକ ଖାଇବା ଭିତରେ।

(୫)
ସବୁ ଚୁମାର, ସବୁ କ୍ଷତର, ସବୁ ଭୟ ଓ ଦାଗର
ସଫଳତାରେ
 ପୁଷ୍ଟ ହୁଏ ଅହଙ୍କାର,
ତୋ'ର ଓ ଅନ୍ୟମାନଙ୍କର
ତିରସ୍କାରରେ ଶୁଭେ ତୂର୍ଯ୍ୟନାଦ, ଶଙ୍ଖ କମାଣର
ମୋ'ର ଜଉଗଡ଼ର ସିଂହଦ୍ୱାରରେ।
ତା'ପରେ ଖଣ୍ଡା ମୂନରେ
 ପର୍ଦ୍ଦା ପରେ ପର୍ଦ୍ଦା ପରେ ପର୍ଦ୍ଦା
ଆଡ଼େଇ ମାୟାର
ଦରବାରକୁ ଆସିଲା ବେଳକୁ
ସବୁ ଶୂନ୍ୟ।

ଏବେ ତୋ'ର ନଥିବା ଶୂନ୍ୟତା
 ଲାଗେନାହିଁ ମାୟା ବୋଲି,
 କେଉଁ ଘଞ୍ଚ ଅନ୍ଧାର ବଣରେ

ବହୁ ଉଚ୍ଚରୁ ଭାଙ୍ଗି ପଡୁଥିବା
ପ୍ରପାତ ମୁଁ, ଅନ୍ଧ ପ୍ରପାତ,
ସାମାନ୍ୟ ଶିଉଳି ବି
କଅଁଳେ କି ନାହିଁ ମୋ' ଉତ୍‌ପାତରେ
ଜାଣି ପାରେନାହିଁ।

ସେଥିଲାଗି ଏ ଗୀତ, ରେ ଉପସାଗର,
ଏ ଶୋକ ଏ ଅନୁତାପର
ଉତ୍ତାପ ନାହିଁ,

ତୁ ହୋଇଯିବୁ ବଜ୍ରରୁ କଠିନ ବରଫ। ନଥିବ
କେବେ ବୋହିଯାଇ
ପୁଣି ମିଶିଯିବାର ସମ୍ଭାବନା।

(୬)
ଆମେ ଭଲପାଇବାର
ବର୍ଷକ ଭିତରେ
ବହୁଯୁଗ ଅତିକ୍ରାନ୍ତ ହୋଇଗଲେ,
ଆଫ୍ରିକା ଏସିଆ
ଅଲଗା ହୋଇଗଲେ।

ମାୟା ଏପରି କାଳକ୍ରମେ
ପ୍ରତି ମୁହୂର୍ତ୍ତରେ
ଖଣ୍ଡ ଖଣ୍ଡ ହେଉଥାଏ,
ଖେଳରେ ହାଫ୍ ଟାଇମ୍,
ବିଶ୍ରାମ ଓ ବୁଝାମଣା-
ଅମୁକ ପେନାଲ୍‌ଟି କିକ୍
କ'ଣ ପାଇଁ ଜଣାପଡ଼େ।
ଆମର ହୁଏ ତୋ'ର ମୋ'ର ସେମାନଙ୍କର।

(୭)

ଏବେ ପୃଥିବୀ
ବିଶ୍ରାମ ନେଉଚି। ନେଉ।
ଝାଳ ଶୁଖିଯାଉ ତା' କପାଳରୁ,
ଉତ୍ତେଜିତ ସ୍ନାୟୁ
            ଥଣ୍ଡା ହୋଇ ଆସୁ।

ଚାଲ୍, ଏ ଭିତରେ
ମୋ' ଆଖିରେ ପଟି ବାନ୍ଧି ଦେ'
                        ମୁଁ ତୋ'ର
ବାଳ ବାନ୍ଧି ଦେଉଚି। ତୁ ମତେ
କ୍ଷମା କର। ମୁଁ ତତେ
ଗଭୀର ଆଲିଂଗନରେ ଚୁମା ଦେଇ
ଧରେ ମୋ' ହାତରେ
ପଶା କାଠି ପରି ତୋ'ର ଦେହ।

ତତେ ଗଡ଼ାଇଦେବା ଆଗରୁ
ଲାଳସାର ପଶାପାଲିରେ - ସେ ସ୍ଥିର
ଓ ଚଞ୍ଚଳ ମୁହୂର୍ତ୍ତରେ
ବୋଧେ ଜାଣି ହୋଇଯାଏ
ଯେ ମୁଁ ନିଜ ସାଙ୍ଗେ ହିଁ ଖେଳିଚି
            ଯୁଗ ଯୁଗ ଧରି।

ମାୟା କେବେ ଶେଷ ହୁଏ ନାହିଁ।
ତେଣୁ ଏ ଗୀତ, ଏ ଗୀତର
ସବୁ ଚିତ୍ରମାନଙ୍କୁ
ଭଲ ପାଇଯିବା ଛଡ଼ା
ଉପାୟ ମୋ'ର ନାହିଁ,

ତତେ ଭଲପାଇବା ବ୍ୟତୀତ
ଉପାୟ ମୋ'ର ନଥିଲା,
ନାହିଁ,
ଦୂର ମେଘରେ ବିଜୁଳି
ଚମକୁ ଥିଲା ଯାଏଁ।

କେଉଁ ଅଚିହ୍ନା କବିର

କେଉଁ ଅଚିହ୍ନା କବିର ଜିଦ୍‌ଖୋର୍ ସ୍ୱପ୍ନ ହୋଇ
ଆଉ କେତେ କାଳ ?
ଅନ୍ଧ ଆଖିପତା ଖୋଲେ
ପୁଣି ବନ୍ଦ ହୋଇଯାଏ
ଛାତି ଭିତରେ ଜଳୁଥାଏ ଦୁର୍ଗ ଓ ନଅର,
ଅପରିଣାମଦର୍ଶୀ କବିର ଇଚ୍ଛା ହୋଇ ଆଉ କେତେ କାଳ ?

ଶୂନ୍ୟ ଆକାଶ କୋଣର ଚିତ୍ରାଙ୍ଗ ମେଘ
ସୂର୍ଯ୍ୟର ଜ୍ୱଳନ୍ତ ହାତ ପୋଛି ନେଇଯାଏ,
ଅହେତୁକ ସ୍ନେହରେ ଡାକେ ପାଖକୁ, ପାଖକୁ ଗଲେ
ତା'ର ବ୍ୟବହାର ଅଶୂଚି, ଅଶ୍ଳୀଳ -
ଦିଗ୍‌ବଳୟ ବି ପାଗଳ ।

ସ୍ଥିର କରିଛି -
କେଉଁ ଏକ ନିର୍ବିକାର ସକାଳେ
ନିରପରାଧ ମୋ'ର ସ୍ୱପ୍ନଟିକୁ
ରାଜକୋଷର ଶେଷ ସୁବର୍ଣ୍ଣ ମୁଦ୍ରାଟି ପରି
କଟୁଆଳର ବାଳୁତ ପୁତ୍ର ହାତରେ ଗୁଞ୍ଜିଦେଇ
କହିବି 'ଯା', ତା', ଚାଲିଯା' ତୋ'ର ଦିଗନ୍ତକୁ ।

କେଉଁ ଅଚିହ୍ନା ଲୋକର ଜିଦ୍‌ଖୋର ସ୍ୱପ୍ନ
ସେ ସକାଳ
ଆଉ କେତେ କାଳ ?

ଯେଉଁଠିକି ସେ ଫେରିବ

ଯେଉଁଠିକି ସେ ଫେରିବ ବୋଲି କହୁଛି
ସେ ଯାଗାକୁ ସେ ଚିହ୍ନେନା। ଅଥଚ ଫେରିବ।
ଯେଉଁଠୁ ଲୋକେ ଯା'ନ୍ତି ସେଠିକି ଫେରନ୍ତି।
ସେ ଶୁଣିଚି ବିପୁଳ ଧାନ ଭିତରେ ଠିଆ ହୋଇ
ନଡ଼ା ଭଳି ଧୂସର ଓ ଶୁଖିଲା ପବନରେ।

ଗୋଟେ ଏକେଲା ପକ୍ଷୀର ଦୁଃସାହସରେ ଯାହା
ଅଙ୍କା ହୋଇଯାଏ ସେ ସହର, ଘରର ଏରୁଣ୍ଡି ବନ୍ଧ
ଭୟାନକ ମହାଶୂନ୍ୟର ଝଙ୍କା ବରଗଛ ତଳେ।
ଘର କାନ୍ଥରେ ଘଷି ହୋଇ ବୋହିଯାଏ ପାଣି,
ଅବାଟରେ ଲୁଚି ବସି ଶତ୍ରୁ ସୈନ୍ୟ ଖୋଲୁଚି ଆଣ୍ଠୁର ପଟି।

ସେ କିଛି ଦେଖିନି; ନା ସହର ନା ଘର।
ତା'ର ଅବୟବ ସାରା ଖାଲି ଭଙ୍ଗା ପାଣିର ଚିତ୍କାର,
ଡାଳ ହଲିଲେ ଭାବେ-ସମୟ ହୋଇଗଲା
ବହିର ପୃଷ୍ଠା ପବନରେ ଉଡ଼ିଗଲେ ଭାବେ
ସମୟ ହୋଇଗଲା। ସୀମିତ ମୁକ୍ତି। ଆଲୁଅ ଆଣି

ସାପ ପରି ଖେଳେଇଲା ଓ କ'ଣ ହେଲା ?
ଦୂର ବିଲମାଳରେ ଗାଈଗୋଠର ଧୂଳି ପଟଳରେ
ସବୁ ଫିକା ହୋଇଯାଏ, ସବୁ କ୍ଷତ ଲୁଚିଯାଏ।
ଯା' ଅଚିହ୍ନା ତା' ଚିରକାଳ ଅଚିହ୍ନା ରହେ
ବର୍ଷା ଖରା ଶୀତ କାକରରେ ସବୁ ବଦଳିଯାଏ।
ଦୁଃଖକୁ ଆଉ ନିଜର ବୋଲି କହି ହେଉନି, ନା'।

ଦୁଃଖ କ'ଣ

ଦୁଃଖକୁ ଆଉ ନିଜର ବୋଲି କହି ହେଉନି, ନା'।

କଣ ଦୁଃଖ ?
ବାଡ଼ା ଉପରେ ମଶାରି
ରାତିଯାକ ଅନିଦ୍ରା ଯାତ୍ରା ଦେଖିଥିବା
ପିଲାଟି ପରି ଶୋଇଥାଏ।
ନିଃସଙ୍କୋଚ ଅପରାଧରେ ସକାଳର ଆଲୁଅ
ଗୋଟିଏ ମଲା ବାଦୁଡ଼ି ଆଡ଼କୁ
ଆଙ୍ଗୁଠି ଦେଖାଏ।
ଅଳସ ଭାଙ୍ଗି ଭାଙ୍ଗି ପବନରେ ଜହ୍ନିଡଙ୍କ
ମୋ'ର ବେକାର ସ୍ୱପ୍ନର
ପୁନରାବୃତ୍ତି କରୁଥାଏ।
ସବୁ ନୀରବ ଯେ କିନ୍ତୁ
ନୀରବତା ତ ଦୁଃଖ ନୁହେଁ!

କିଏ ଜାଣେ ?
ଶୋଭନ ମୁଖାର୍ଜୀର ମା' ମା' ଜାଣିଲେ ଜାଣିଥିବ।
ତାଙ୍କୁ ଆଉ ପଚାରି ହେବନାଇଁ କାରଣ
ଗଲା ମାର୍ଚ୍ଚରେ
ସେ ଲ୍ୟୁକୋମିଆରେ ଚାଲିଗଲେ।

ଶୋଭନ୍, ମତେ କ୍ଷମା କରି ଦେ'ରେ ଶୋଭନ୍,
ତୁ ତୋ' ମା'ଙ୍କର ଚିତାନିଆଁକୁ
ଚୁପ୍‌ଚାପ୍ ଚାହିଁ ରହିଥିଲବେଳେ
ସାଇଁ ସାଇଁ ପବନ ବୋହିଚି
ଅଶ୍ୱତ୍‌ଥ ଗଛଉପରେ,
ମୁଁ ବୁଝାଇ ନାଇଁ।
ଝକ୍‌ମକ୍ ମାଛରଙ୍କା
ଶାଣ କରିଚି, ଥଣ୍ଟକୁ ପଥରରେ
ମୁଁ କହି ନାଇଁ। ନା'ରେ ନା
ଏଠି ବସିବା ଏଇ
ନଈକୂଳର ପଥର ଉପରେ ବା
ସ୍ତ୍ରୀର ମୁହଁକୁ
କଂସାବାଟି ପରି ଦି'ହାତରେ ଟେକିଧରି
ବୋକ ଖାଇବା
ଭଳି ନିରୀହତା ଏ ମଣିଷର।
ତା'ର ଈଶ୍ୱର ନ ଥିଲେ ନାଇଁ।
ନିୟମିତ ସେ ଫୁଲ ଛିଣ୍ଡାଏ,
ରୋଜଗାର କରେ,
ଅଭିମାନରେ ଗୁମ୍‌ମାରି ବସେ
ଘାସ ଉଠିବା ଡେରି ହେଲେ,
ନିରର୍ଥକ ପଦ୍ୟ ଲେଖେ
ସୁଦୂର ପ୍ରେମିକାକୁ ମନେପକେଇ,
କେହି କେହି ପାଗଳ ହୋଇଯା'ନ୍ତି
ଯେମିତି ଭାନୁ କକେଇ !

(୨)

ଆସ
ବୋଲି ତମମାନଙ୍କୁ ଡାକନ୍ତି, ହେଲେ, ନା'।
ଦୁଃଖକୁ ଆଉ ନିଜର ବୋଲି କହି ହେଉନି।

ତମକୁ କ'ଣ ଦେଇଥାନ୍ତି କେଜାଣି
କାହାକୁ ପତ୍ର କାହାକୁ ଫୁଲ
କାହାକୁ ପଇସା ଓ କାହାକୁ ଅଙ୍ଗାର,
ଅଣ୍ଟେ ପାଣିକି ଭିଡ଼ିନେଇ କାହାକୁ
ଚୁମା ଦେଇଥାନ୍ତି କି କ'ଣ,
ଆକ୍ରାମାକ୍ରା ଧର୍ଷଣରେ
ରକ୍ତାକ୍ତ କରିଦେଇଥାନ୍ତି
ଅସତ୍ୟର ଯୋନି।

ନା, ବେକାର ସ୍ୱପ୍ନରେ କେହି
ଜ୍ୟେଷ୍ଠ ମାସର ଖରାବେଳ କଟାଏନା।
ଆଉ ଏ ଚିଁ ଚିଁ ମିଁ ମିଁ ଶବ୍ଦ
ଭଲ ଲାଗେନା,
ଫଟା ଢୋଲର ଶବ୍ଦରେ
ଝଡ଼େନା ମହୁଲ ଫଳ।
ସାନ ସାନ ଚଢ଼େଇ
ପତଙ୍ଗ ଓ ଝିଙ୍କାରୀମାନଙ୍କୁ
ଅଲଗା ବଣକୁ ପଠେଇଦିଅ,
ଅଲଗା ଶବ୍ଦରେ ଭର୍ତ୍ତି ହୋଇଯାଉ
ଅମାବାସ୍ୟାର ଓଜସ୍ୱୀ ଆକାଶ ଓ
ନକ୍ଷତ୍ର ମଣ୍ଡଳ।

କାରଣ ମୁଁ ଫଳ
ମୋ'ର ଅଙ୍ଗୀକାରର, ଅସ୍ୱୀକାରର
ମୁଁ ମୋ'ର ଅପବ୍ୟୟ।
ଉଦ୍ଭ୍ରାନ୍ତ ପବନ
ଚାଞ୍ଚି ଯାଉଥାଏ ପଥର ପାହାଡ଼,

ଗୋପନ ପାଣି ଭିତରେ
ଆସ୍ତେ ଆସ୍ତେ ମିଳାଇଯାଉଥାଏ
କୁତ୍ସିତ ଆୟୁଷ।

(୩)
ମୁଁ ହିଁ ଦୁଃଖ।
ବଞ୍ଚିବାଠୁ ବଡ଼ ମୋ' ପାଇଁ
ବଡ଼ଲୋକ ହେବା,
ଭଲ ପାଇବାଠୁ ବଡ଼
ତା' ପ୍ରଚାର କରିବା,
ନିରୋଳା ବର୍ଷାଭିଜା
ଗାଉଁଲି ଷ୍ଟେସନ୍‌କୁ
କୋଳକୁ ଟେକି ଆଣିବାଠୁ ବଡ଼
ସୁବର୍ଣ୍ଣ ବ୍ୟୋମଯାନରେ ବସି
ବିଦେଶ ଯିବା;
ରେଶମ ପିନ୍ଧି ସାଂଖ୍ୟଦର୍ଶନ
ଚର୍ଚ୍ଚା କରିବା।

ଯାହା ସାଉଁଟି ପାରିଲା

(୧)

ଯାହା ସାଉଁଟି ପାରିଲା, ନେଲା।
ନେଲାବେଳେ ଅଥଚ
କାହାର ବି ଧାରଣା ହେଲାନି
ଯେ ସେ ଛଡ଼େଇନେଇଚି
ଜବର୍‌ଦସ୍ତ।

ବାଲି, ପଥର, ବିଲ, ପୋଖରୀ ଇତ୍ୟାଦି
ସ୍ୱାଭାବିକ ନୀରବତା ଭିତରକୁ
ପୁଣି ଲେଉଟିଲେ;
ଗାଈମାନେ ସେମିତି ନିରୀହ, ଉଦାସ ଆଖିରେ
ଚିହ୍ନି ଚିହ୍ନି ବାହୁଡ଼ିଲେ ଘରକୁ। ମଣିଷ
-ଯାହାର ଦୀର୍ଘନିଃଶ୍ୱାସ ଓ ଈର୍ଷ୍ୟା ଭୟଙ୍କର-
ଫେରି ଆସିଲା
ମଣିଷ ପାଖକୁ।

ଗୋଟେ ଦିନ ସରିଗଲା।
ଦେଉଳ ଉପରେ ନେତ
ଆସ୍ତେ ଆସ୍ତେ ହଜିଗଲା
ଆକାଶରେ, ପବନରେ, ଶୂନ୍ୟ ଅନ୍ଧାରରେ।

ଅନ୍ୟ ଏକ ଗ୍ରହରୁ, ଅନ୍ୟ ଏକ ଜୀବନରୁ
କିଏ ଯେମିତି କହିଦେଲା
ତମେ ଏଯାଏଁ ବି ଜୀବିତ।

ଦେଖ ମଣିଷର କାନ୍ଦଣା !
ତା'ର ରାଗ, ତା'ର କାତର ଲୋଭର ପ୍ରଗଲ୍‌ଭତା...

ସେ ଆଉ ତା'କୁ,
ଆସିବାକୁ ଦେବନି ଗାଁକୁ,
ସେ ବାମନ ଭିକ୍ଷୁକକୁ,
ଦିନର ଆଲୁଅକୁ
ଯିଏ ସହସ୍ର ଲୁକ୍‌କାୟିତ ହାତରେ
ଗୋଟାଇ ନେଲା, ଛଡ଼ାଇ ନେଲା
ସହସ୍ର ମୁହୂର୍ତ୍ତର ସହସ୍ର ସମ୍ଭାବନା।

(୨)
ଯାହା ଗଳି ପଡ଼ିଲା ଅଣ୍ଟାରୁ
        ପୋଖରୀରେ
        ଗାଧୋଇଲା ବେଳେ,
ତା' ବି 'ମୋର' ବୋଲି କହିବାର
        ସହଜ ଗର୍ବ ତ ଏ ମଣିଷର
        ଯଦିଓ ସେ ଜାଣେ
        ପଡ଼ିଗଲା ପରେ ତାହା
        ପୋଖରୀର।
        ଯେମିତି ତା' ମୃତ ପିତୃଲୋକ
        ମଶାଣିର ଅସ୍ପୃଶ୍ୟ ପାଉଁଶର।

ସେ ପଛକୁ ଚାହେଁ,
        ଦେଖେ ଆମ୍ବତୋଟା, ଖଣ୍ଡିବଣ

ବଣ ଡେଇଁଲେ ପାହାଡ଼
ସ୍ୱଷ୍ଟ ଓ କଠିନ।

ପାହାଡ଼ ସେପାଖେ ବୋଧେ ଗାଁ।
ସେ ଭିକ୍ଷୁକର
ଯାହାର ମୁହଁ
ଖରାବେଳର ପୋଖରୀ ପରି
ମୌନ, ନିର୍ବିକାର।

(୩)

ବଡ଼ିଭୋ'ରୁ ପୁଣି ସେ ଆସି
ପହଞ୍ଚିଯିବ-
ବାମନ ଭିକ୍ଷୁକ।

ତା, ଆଗରୁ
ରୋଗୀ, ପାଗଳ ମଣିଷ
ତା'ର ସମସ୍ତ ଲୁଗା ଚଦର
ମାଣ୍ଡି ଓ ମଶିଣା

ଗୋଡ଼ରେ ଠେଲି ଠେଲି
ଜମା କରି ସାରିଥିବ ତା' ପାଦ ପାଖରେ,
ଗୁଣୁ ଗୁଣୁ ହୋଇ କହୁଥିବ
'ମୁଁ ଯାହା ହେବାର କଥା
ହୋଇ ନାଇଁ,
ମୁଁ ଯାହା ପାଇବା କଥା
ପାଇ ନାଇଁ।'

ଅପେକ୍ଷା ମାତ୍ର ଦୁଇଥର

ଅପେକ୍ଷା ମାତ୍ର ଦୁଇଥର
ଦୁଇଥର ହିଁ କରାଯାଇପାରେ ।

ଅବଶ୍ୟ ତମକୁ ।
ତମଠୁ ବେଶୀ ମୂଲ୍ୟବାନ
ଆଉ କେହି ନାହାଁନ୍ତି ବୋଲି
ଯେହେତୁ ଶୁଣିଚି ।
ପାଖ ସହରରେ କେଉଁଠି ତମ ଘର,
ତମର ବିଚାର ଅବିଚାରରେ ନିୟନ୍ତ୍ରିତ
ପବନର ଭବିଷ୍ୟତ,
ବୁଲା ବିକାଳିର ହାତ
ନାରୀର ଯୌବନ ।
ତମର ଶ୍ରେଷ୍ଠୀ, ଶହୀଦମାନେ
ଶୋଇଥାନ୍ତି ଫୁଲ ଫଳର ଅଭ୍ୟନ୍ତରେ
ପ୍ରକାଶ୍ୟରେ ଆଲୋକ ସଚେତନ ।

ବସ୍‌ଷ୍ଟାଣ୍ଡରେ, ଷ୍ଟେସନ୍‌ରେ, ଲ୍ୟାଂପ୍‌ପୋଷ୍ଟ୍ ତଳେ
ଦିନ ଦିନ ତମକୁ
ଅପେକ୍ଷା କଲି;
ହ୍ୱିସିଲ୍ ଓ ଘଣ୍ଟି ଶବ୍ଦ, ସ୍କୁଲ ଫେରନ୍ତା ପିଲାଙ୍କ କଳରୋଳ

ସଦ୍ୟ ବିଧବା ଯୁବତୀର
ଚିର୍ଚିରା କାନ୍ଦାନି ଶୁଣି
ଅଭ୍ୟସ୍ତ କଲି କାନକୁ;
ପୋଖତ କଲି ଆଖିକୁ
ପର୍ବତରେ ଟଙ୍ଗା ହୋଇଥିବା ଚିତ୍ର ଦେଖି,
ବୁଢ଼ା ଗୋରୁଙ୍କ ଠଙ୍ଗୀରେ
ଠକ୍ ଠକ୍ ହାଣୁଥିବା କୁଆଥଣ୍ଟ ଦେଖି,
ଠେଲା ଗାଡ଼ିର ସାମ୍ରାଜ୍ୟ ଦେଖି ।

ତମେ ଶବ୍ଦ ତମେ ରୂପ
ଅଥଚ ତମର ଆସିବା ହୁଏ
ନା ଶବ୍ଦ ନା ରୂପରେ ।

ତେଣୁ ମୁଁ ନୟନ ମୁଦ୍ରିତ କଲି,
ତିରସ୍କାର, ତୂର୍ଯ୍ୟନାଦ
            କିଛି ଶୁଣିଲି ନାହିଁ;
ଭାବିଲି ସନ୍ତୋଷ ମିଳେ
            ପ୍ରଶ୍ନ ପଚାରିଲେ -

ତମେ କେବେ ଆସିବ ଜାଣେନାହିଁ,
ତମେ ଆସ କି ନ ଆସ କହିଦିଅ
ତମେ ଆସିବା ଯାଏଁ
ଏ ମୋ'ର ପୃଥିବୀ
ଏମିତି ଥିବତ ?

(୨)
ପ୍ରଶ୍ନ ହିଁ ମୋ'ର
            ଦ୍ୱିତୀୟ ଥର ଅପେକ୍ଷାର କାରଣ,
            ସେ ଅପେକ୍ଷାର ଆଲୋଡ଼ନ ।

ସେ ଅପେକ୍ଷା ଠିକ୍
ଅପେକ୍ଷା ଭଳି ନୁହେଁ,
ତମ ପାଇଁ ସିଟ୍ ରିଜର୍ଭ କରିନି ହୋଟେଲ୍‌ରେ,
ବରାଦ କରିନି ଫୁଲ,
ଭଡ଼ା ଗାଡ଼ି ଓ ସୁରା,
ନୃତ୍ୟ ଗୀତ, ଆମୋଦପ୍ରମୋଦ।
ତମ ପାଇଁ ମୋ'ର
କୌଣସି ପ୍ରସ୍ତୁତି ନାହିଁ,
ମୁଁ ଏକାନ୍ତ
ଉନ୍ମୁକ୍ତ ମୋ'ର ଦେହ
ଉଲଗ୍ନ ଚେତନା;

ତମେ ଯେଉଁଠି ଅଛ ଥାଅ
ଆସ କି ନ ଆସ, କହ, କହିଦିଅ
ତମେ ସେମିତି ଥିବତ
ମୋ' ପୃଥିବୀ ପୁଣି ଫେରି ଆସିବା ଯାଏଁ,
ଫେରି ଆସି
ଧ୍ୱଂସ ହୋଇଯିବା ଯାଏଁ?

ଦକ୍ଷିଣାବର୍ତ୍ତ

କେଉଁଠି ଯେ ତମକୁ ନ ଖୋଜିଚି
ଏମିତି ନୁହେଁ।

ଭୁଲା ମନ
ଇନ୍ଦ୍ରଧନୁରେ ଖୋଜିଚି ନୂଆ ଘରର ନକ୍‌ସା।
(ଯୋତା ଓଲଟା ପିନ୍ଧି ମକ୍‌ଚି ଯାଇଚି ପାଦ।)

ବଢ଼ିଲା ନଈରେ
ସାବଲୀଳ ହଂସର ପହଁରା ଦେଖିଚି,
ବିଜୁଳିପଙ୍ଖା ବୁଲିବା ଦେଖିଚି ଗଙ୍ଗାରେ
ଗଙ୍ଗା ଯା' ଉଚ୍ଛୁଳେ ଶିବ ଲିଙ୍ଗର ଉପରେ।

ତମେ କ'ଣ ଘଟଣାର
ଅନିବାର୍ଯ୍ୟ ଉଦ୍‌ଭଟତା ?

ନା ତମେ ଆତ୍ମାର
ଯୁକ୍ତିସିଦ୍ଧ ଯତିପାତ ?
ଅର୍ଥ ଅନର୍ଥର ?
ଅସ୍ପୃଶ୍ୟ ଉତ୍ତାପ
ବିଫଳ ରକ୍ତର ?

ତମକୁ ହଜେଇବାର ଦୁଃଖରେ ଯଦି ଥା'ନ୍ତା
ଖାଲି ଦୁଃଖ, ଡେମ୍ଫ ଛିଣ୍ଡା ଫୁଲ
ସଜେଇ ଦିଅନ୍ତି,
କାମ ଚଳେଇଦିଅନ୍ତି ଦିଗ୍‌ବଳୟର।

ପରିଛନ୍ନ ଦିନ ଆଲୁଅରେ
ଚିହ୍ନି ପାରୁଥାନ୍ତି ତାଙ୍କ ଖାଲଖଣା, ଶ୍ୱାପଦ ଲାଳସା,
କଣ୍ଟେଇକୋଳି ଲଟାରେ ଛିନ୍ନଭିନ୍ନ ସମୟର ଭାଷା।
ନା, ଦୁଃଖ ଖାଲି ନୁହେଁ,
ଅଭିମାନ;
ଘଞ୍ଚ କୁହୁଡ଼ି ଉଠେ ନଈ ଆରପାଖେ
ମାଡ଼ି ଆସେ ସକାଳୁ ସକାଳୁ,
ଥଣ୍ଡା ଥଣ୍ଡା କୁତୁ କୁତୁ ଲାଗେ
ଦେହରେ, ମୁହଁରେ।

ଆଃ ତମେ ଅଛ ଯା' ଭିତରେ,
ମୋ' ଆଖିର ଅନ୍ତରାଳେ।

କୁହୁଡ଼ି ଯେମିତି କହେ ଦେଖିଚି ତମର
ଲାଇଟର୍
ଛାଡ଼ି ଆସିଚ
        ଦୁର୍ଯ୍ୟୋଧନବାବୁଙ୍କ ଟେବୁଲ୍‌ରେ।

ଫେରି ପାଇବାକୁ ମନ
        ସଦା ଉଦାସୀନ,

କ'ଣ ବା ଫେରି ପାଇବି ? ଲାଇଟର୍ ?
ତା' ବଦଳିଯାଇଥିବ ଘଞ୍ଚ କୁହୁଡ଼ିରେ।

ତମେ କେଉଁଠି ହେଲେ ବି ଅଛ ମୋ' ଆଖ ପାଖରେ-
ତମେ ଏଇ ଅଭିମାନ, ତମେ ଏ ମୂର୍ଖ ସନ୍ତୋଷ
ପିଠିରେ ବସେଇ, ବୋହି, ନା, ଆଉ ପାରୁନାହିଁ....
ତମେ ଖାଲି ଖରା ହୁଅ, ଶୋଷ ହୁଅ, ଦହି ହାଣ୍ଡି ହୁଅ।

କେଡ଼େ ସହଜରେ
ଆମ ଜୟ ସୁନିଶ୍ଚିତ- ତମର ଓ ମୋର
ଦକ୍ଷିଣାବର୍ତ୍ତରେ।

ଦ୍ୱାର

ଦ୍ୱାର ଖୋଲି ଦେଖିଲି
ଦେବତାର ପାପୁଲି ନାହିଁ, ଆଙ୍ଗୁଠି ନାହିଁ।

ସବୁ ନିରୀହତା ତେବେ ଚିରଞ୍ଜିବୀ-
ଜାରଜ ଶିଶୁ କୁକୁଡ଼ା, ଛେଳି ଇତ୍ୟାଦି,
ଏବଂ ଔଦ୍ଧତ୍ୟ-ଲକ୍ଷ୍ମୀଙ୍କର ସ୍ତନ ?

ଦେବତାର ଗୋଡ଼ ନାହିଁ।
ଚରମ ବିଶ୍ରାମ ତେବେ ତମର, ଦେବତା ?
ଏକାନ୍ତ ତମର ?

ଦ୍ୱାର ଖୋଲି ଦେଖିଲି।
ଦ୍ୱାର ଖୋଲି ଦେଖିଲି।

ବାବା !

ବାବା, ଆମେ ପିଲାଦିନେ ଟ୍ରେନ୍‌ରେ ଗଲାବେଳେ
ମତେ ଲାଗୁଥାଏ ମୋ'ର ଆଉ ଗୋଟିଏ ଆଖି ଉଠିବ,
କେଜାଣି କାହିଁକି ଖାଲି ଟ୍ରେନ୍‌ରେ କୁଆଡ଼େ ଗଲାବେଳେ;
ଠିକ୍ କପାଳ ମଝିରେ ମୁଣ୍ଡ ବିନ୍ଧେ, ମୁଁ
ବାଥ୍‌ରୁମ୍ ଯିବା ବାହାନା କରି ଲୁହ ପୋଛି ପକାଏ,
ତମ ପାଖରେ ଆସି ବସେ, ବାହାରକୁ ଚାହେଁ।

ତିନୋଟି ଆଖି ଥିବା ତାଙ୍କ କ୍ୟାଲେଣ୍ଡର୍
ଘରେ ଥାଏ ବୋଲି ନା ଅନେକ କିଛି ଦେଖିବାର ଲାଳସା ?

ସେ ଆଖି କେବେ ଉଠିଲା ନାହିଁ ବାବା,
ଯାହା ସବୁ ଦେଖିଲି ଭୁଲ୍ ଦେଖିଲି।

ଟ୍ରେନ୍ କବାଟକୁ ଧରି ଠିଆ ହୋଇ ବାହାରକୁ ଚାହିଁଲେ
ତମେ ଡରୁଥିଲ, ମିଛ ରାଗରେ ମୋତେ କହୁଥିଲ
"ଏଇଠି ଆସି ବସ, ଯେତେ ସବୁ ବଦଭ୍ୟାସ।"
ମୁଁ ଏକା ଡିଆଁକେ ଝାଂପି ପଡୁଥିଲି ଦି'ପାଖର ନାଳକୁ, କ୍ଷେତକୁ
ଯାହା ମୋ' ନ ଉଠିଥିବା ଆଖି ଦେଖୁଥିଲା କେବଳ।

ଏବେ ମୁଁ ଟ୍ରେନ୍ ଠୁ ଅଲଗା, ତମଠୁଁ ବି;
ଭୁଲ୍ ଦେଖାରେ, ଭୁଲ୍ ଚିନ୍ତାରେ ଚେତନା ପତିତ।
ଦିନେ ଦିନେ ଘମଘୋଟ୍ ବର୍ଷା ଅନ୍ଧାର ରାତିରେ
ଥିବା ଦୁଇଟା ଆଖି ବି ଝଲସିଯାଏ, ଛୁଇଁ ହୋଇଯାଏ
ତମ ବିଫଳତାର ପ୍ରଚଣ୍ଡ ଉଜ୍ଜ୍ୱଳ ହେଡଲାଇଟରେ।

ଅନ୍ଧ ମହୁମାଛି

॥ ଏକ ॥

ଫାଙ୍କା ଧୂ ଧୂ କ୍ଷେତର ଦାଢ଼ରେ ଠିଆହୋଇ ଏକେଲା
ଶୁଣେ ପକ୍ଷୀ ଉଡ଼ିଯାଏ ଡେଣା ଫଡ୍ ଫଡ୍ କରି
ପବନର ଅକୁଣ୍ଠିତ ଚୁମା ଭିତରକୁ,
କେହି କୁଆଡ଼େ ନାହାନ୍ତି, ଜାଣିପାରେ
ରୋଗା, କୋଦାଳଧରା, ବିଷର୍ଣ୍ଣ ମଣିଷ
ପଛେ ପଛେ ସ୍ତ୍ରୀ, ପିଲା ଓ ବଡ଼ଟିର ହାତରେ ଛଟପଟ କଳା ।

ଏକା ଏକାନ୍ତ ଅପେକ୍ଷା
ଜୀବନର ପ୍ରଥମ କିଶୋରୀ ପ୍ରେମିକ ଠାରୁ ବି ବେଶୀ ପବିତ୍ର ।

॥ ଦୁଇ ॥

ମରୁଭୂମି ଓ ସିପାହୀଙ୍କ କୁତ୍ସିତ ଆଦେଶରେ, ମୁଁ ଜାଣେ,
ପାଣି ଖୋଜି ଯିବାକୁ ହୁଏ,
ଲାଲ୍ ମାଙ୍କଡ଼ସାର ଅତୃପ୍ତ ଜାଲ ଭିତରକୁ
ନିରୀହ ପୋକଟିକୁ ଫିଙ୍ଗି ଦେବାକୁ ହୁଏ,
ମାତାଲ, ମୃତଦାର ପଡ଼ୋଶୀଙ୍କର କାନ୍ଦୁରୀ ସାନ ଝିଅଟିକି
ସ୍ତ୍ରୀର ହାତକୁ ଟେକି ଦେବାକୁ ହୁଏ,
ଶୁଖିଲା ସାଇକେଲ୍‌ର କେଁ କଟର ଶବ୍ଦରେ
ବୁଡ଼ିଯିବାକୁ ହୁଏ ବୁଢ଼ା ପିଅନ୍‌କୁ
ଭଣଜାର ଆତ୍ମହତ୍ୟାର ନିଶ୍ଚିତ କାରଣ ।
ଯା'କୁ ଧର୍, ତା'କୁ ଛାଡ୍, ତା'କୁ ଫିଙ୍ଗିଦିଅ କେନାଲ୍ ପାଣିକି,
ଯା'କୁ ଛୁଅଁ, ତା'କୁ ଦେଖ୍,
ବୋବା ଇନ୍ଦ୍ରିୟମାନଙ୍କୁ ପରେଡ୍‌ରେ ଠିଆକରି କମାଣ୍ଡ୍ ଦିଅ,

ଜାବୁଡ଼ି ଧରି ରଖ ଏ ପୃଥିବୀକୁ
ସିଂହଦ୍ୱାରଠୁ ଅଗଣାର ଶିମଲଟା ପର୍ଯ୍ୟନ୍ତ ଯା' ବିସ୍ତୃତ।

॥ ତିନି ॥

କିଛି ଖସିଯାଇ ପାରେନା ହାତମୁଠାରୁ
କେହି ଖସିଯାଇ ପାରନ୍ତି ନାହିଁ ବାଘବନ୍ଦୀ ଖେଳରୁ,
ଭୁଲ୍ ଆଉ ଠିକ୍ ଆଉ ଠିକ୍ ଆଉ ଭୁଲ୍
ପ୍ରଶ୍ନ ଓ ଉତ୍ତର, ପରୀକ୍ଷା ଓ ନିସ୍ତାରର
ଜମିଲା ଖେଳ ଭିତରେ ଆସ୍ତେ ଆସ୍ତେ ଆପେ ଆପେ
ଜଉଘର ଜଳୁଥାଏ, ପିଲା କାନ୍ଦୁଥାଏ,
ପାଗଳ ବୁଢ଼ାବାପା ଉଠୁଥାନ୍ତି, ଶୋଉଥାନ୍ତି, ଉଠୁଥାନ୍ତି
ଅଶ୍ଳୀଳ ଚିତ୍କାରର ଘଞ୍ଚ କୁହୁଡ଼ିରେ
ବୋଉ ବୁଢ଼ୀ ହେଉଥାଏ, ଲୁଗା କାନିରେ ଲୁହ ପୋଛୁଥାଏ।

କେହି ଖସିଯାଇ ପାରେନା, ନା ଫୁଲ ନା ଭ୍ରମର
ନା ରେଫରୀ ନା ଖେଳୁଆଡ଼
ନା ମୃତ୍ୟୁ, ନା ଜୀବନ
ସବୁ କେବଳ ଓହ୍ଲାଇ ଆସନ୍ତି
କୌଣସି ବିଚିତ୍ର ଉପନ୍ୟାସର ସତାବନ ପୃଷ୍ଠାରେ
ଲାଖି ରହି ଯାଇଥିବା ଅଚାନକ ପାଉଁଶ ଟିକକୁ
ଯା'ର ନା ସ୍ମୃତି
ଓ ପ୍ରସିଦ୍ଧ ସତ୍ୟ ପହଁରୁଥାଏ ପବନରେ।

॥ ଚାରି ॥

ସେ ନାରୀ ମତେ ଭଲପାଏ ଭଲପାଏ
ମୋ' ଉଦ୍‌ଭ୍ରାନ୍ତ ଆଳସ୍ୟକୁ, ମୋ'ର
ପ୍ରବଳ ପରାକ୍ରମୀ ଅନିଶ୍ଚିତତାକୁ,

ସେ ଲୋକ ପସନ୍ଦ କରେ ମୋ' ପେଷାଦାରୀ ନାଚକୁ ଓ
ଅକସ୍ମାତ ମୋ' ମୁହଁରୁ ମୁଖା ଟେକି ଦେଇ କହେ, "ଓଃ ! ତମେ ?
ତମ ସାଙ୍ଗରେ ଦେଖା ହୋଇଥିଲା ନା ଗଲାବର୍ଷ ଡିସେମ୍ବର୍‌ରେ,
ବୋଧହୁଏ ଟ୍ରେନ୍‌ରେ ?
ଇଣ୍ଟରଭ୍ୟୁ କ'ଣ ହେଲା ? କ'ଣ ହେଲା ଚାକିରି ?
ପାଞ୍ଚ ସାତ କଣ୍ଢେଇ କାଖେଇ ଥର ଥର ପାଦରେ
ଓହ୍ଲେଇ ଆସେ ସିଡ଼ିରେ ରଘୁବାବୁଙ୍କର ଚାରିବର୍ଷର ଝିଅ,
ମତେ ଶୁଣିବାକୁ ହୁଏ,
ଏମାନେ ସମସ୍ତେ କ୍ଷୀର ପିଇ ଶୋଇ ପଡ଼ିଲେଣି କାକା !
ଆଉ ମତେ ବୁଝିଯିବାକୁ ହୁଏ ଯେ
ଆଉ କିଛି ସମୟ ପରେ ଆମେ ସମସ୍ତେ ଶୋଇ ପଡ଼ିବା
ଆମ ପାଦ ଉପରେ ଚାଲିଯିବ ସାପ ପରି ମସୃଣ ସମୟ,
ହାତ ପାଆନ୍ତାରେ କଢ଼ି ଖୋଲିଯିବ ପାଖୁଡ଼ା ପାଖୁଡ଼ା ଫୁଲକୁ,
ଏବଂ ଗୁଡ଼େ ମିଟି ମିଟି ଲଣ୍ଠନ
ଫାଙ୍କା ଧୂ ଧୂ କ୍ଷେତରେ ଏଣେତେଣେ ବୁଲୁଥିଲେ ଖୋଜି ଖୋଜି
ଶତାବ୍ଦୀ ଶତାବ୍ଦୀ ଧରି ହଜି ଯାଇଥିବା ଧଳା ଘୋଡ଼ାକୁ
ଘୋଡ଼ା ପିଠିରେ ସବାର ଅନ୍ଧ ଜମିଦାରକୁ ।

॥ ପାଞ୍ଚ ॥

ଅପେକ୍ଷା କେଡ଼େ ଚମତ୍କାର ! ଖାଲି
ଆସୁଥିବା ଲୋକଟି ପ୍ରତି ମୋହ ନ ଥିଲେ ହେଲା,
ଖୋଜିବା କି ବଡ଼ ଉତ୍ତେଜନା !
ମିଳି ଯାଉଥିବା ଗଣ୍ଠିଲିଟା ମୋ'ର ନ ହେଲେ ହେଲା,
କାନ୍ଦିବା କି ଚମତ୍କାର ! ଖାଲି
ଆଖି ଶୁଖି ଯାଇଥିଲେ ହେଲା,
ସତୁରୀ ବର୍ଷ ବୟସରେ ନିର୍ବାଚିତ ଗଣ୍ଡକୁ ଡେଇଁପଡ଼ିବା
କି ଚମତ୍କାର ! ଖାଲି
ମୃତଦେହ ନ ମିଳିଲେ ହେଲା ।

॥ ଛଅ ॥

ସବୁଠି ମହୁ, କଟକରେ, କଦମ୍ବରେ, ଖଟରେ, ଖଳାରେ
ଗୁମାନରେ, ଗରୁଡ଼ସ୍ତମ୍ଭରେ, ଘଣ୍ଟାରେ, ଘିଅରେ, ଚେରରେ, ଚିନ୍ତାରେ,
ଛକରେ, ଛୁରିରେ, ଜାମୁରୋଳରେ, ଜେଲରେ, ଝଡ଼ାପତ୍ରରେ,
ଝିଙ୍କାରୀର ଶବ୍ଦରେ, ଟିପଚିହ୍ନରେ, ଟାଙ୍ଗର ମାଟିରେ,
ଠାରରେ, ଠିକ୍ ଠ-ବର୍ତ୍ତୁଳ-ଚନ୍ଦ୍ରାନନରେ, ଡାଳରେ, ଡମ୍ବରୁରେ,
ତାରୁଣ୍ୟରେ, ତନ୍ଦ୍ରାରେ, ଥାଳିରେ, ଥିର ପାଣିରେ,
ଦା'ରେ, ଦୋଳ୍ଲାରେ, ଧମକରେ, ଧ୍ୟାନରେ, ନାଳରେ, ନିର୍ବାଣରେ
ପଦ୍ମରେ, ପରାଜୟରେ, ଫାଙ୍କା କ୍ଷେତରେ, ଫଳରେ,
ବଂଶୀରେ, ବିବାଦରେ, ଭୋରରେ, ଭୟରେ,
ମେଘରେ, ମନ୍ଦିରରେ, ଯୋନିରେ, ଯାତ୍ରାରେ,
ରାତିରେ, ରେରେକାରରେ; ଲୋଭରେ, ଲାଭରେ,
ବୃହସ୍ପତି ଓ ବେଶ୍ୟା, ଶାନ୍ତି, ଶୋକ
ସବୁଠି, ସମସ୍ତଙ୍କଠି, ମହୁ, ମହୁ,
ସୋଦରଠି, ସମୁଦ୍ରଠି, ଷୋଳକଳା ଓ ଷଷ୍ଠୀ;
ହୋମରେ, ହନନରେ, କ୍ଷତିରେ, କ୍ଷମାରେ
ସବୁଠି ମହୁ
ଫୁଲରେ ଓ କୁଷ୍ଠରୋଗୀର ଘା'ରେ।

॥ ସାତ ॥

ଅନ୍ଧ ମହୁମାଛି।
ଉଡୁଥା', ବୁଲୁଥା', ବୁଲୁଥା',
କିଛି ଦେଖିନା, ଦେଖିନା, ଦେଖିନା,
ଯାହା ପାଉଛୁ ଶୁଣ୍ଢ ପୂରାଇ ଚୋଷିନେ', ଚୋଷିନେ',
ହିସାବ ହେବ ପରେ
ତୋ' ମୃତ୍ୟୁର ବର୍ଣ୍ଣବୋଧ, ବ୍ୟାକରଣ, ମାନସାଙ୍କ
ପୁଣି ଶିଶୁ ପୃଥିବୀ ଶିଖୁଥିଲାବେଳେ।

ଦୃଶ୍ୟାନ୍ତର

ଗଲାବର୍ଷ ଏମିତି
ବର୍ଷ ଆରମ୍ଭ ହେବାକୁ କିଛିଦିନ ବାକୀ ଥାଏ
ମେଘମାନେ ଆସୁଥାନ୍ତି
ବୁଲି ଚାଲି ଯାଉଥାନ୍ତି
ଭୂମି ଦେଖି, ମାଟିର ଯୋଗ୍ୟତା ଦେଖି,
ଧର୍ମ ଦେଖି, ହାହାକାର ଦେଖି,
ସୁଡ଼ଳ ଯୂଇଫୁଲର ଶରନ୍ୟାସ ପରି ବେଳେବେଳେ
ଅକସ୍ମାତ୍ ପକ୍ଷୀଙ୍କ ଜ୍ୟାମିତି ।
ସବୁ ଦୃଶ୍ୟ, ସବୁ ସ୍ୱାଭାବିକ ।
ଏପରି କି ବିଜୁଳି ଚମକ ମଧ୍ୟ
ଆପାତତଃ ସ୍ଥିର ଚେତନାରେ ।
ଚାରିଆଡ଼େ ଦୃଶ୍ୟ ଥିଲେ-
ଗଛ ଲଟା, କାନ୍ଥବାଡ଼, ପାହାଡ଼ ଓ ମଣିଷର ମୁହଁ
ଯାହା ହେଉ,
ଏପରି କି ଏକୁଟିଆ ଘରେ ଯଦି
ଚାରିଆଡ଼େ ଛବି କିମ୍ବା ଫଟୋ ଝୁଲୁଥାଏ
ଡର ଭୟ ନାହିଁ ଓ ସାହସ
ଅଣ୍ଟାରେ ସଞ୍ଚିତ ଥାଏ ହାତଖର୍ଚ୍ଚ ଭଳି ।
କାଲି ସନ୍ଧ୍ୟାବେଳେ
ଅନ୍ୟାନ୍ୟ କଥା ଭିତରେ କହିଲି ପତ୍ନୀକି
ପୁରୁଷ ବିବାହ କରେ ଜାଣିଚ କାହିଁକି ?
ତା'ର ଦୃଶ୍ୟ ସଂସାରକୁ ସମୃଦ୍ଧ କରିବା ପାଇଁ;
ତେଣୁ ତମେ ଆଉ ଯା' କରୁଚ କର,
ଏକୁଟିଆ ଘରେ
ମୁଁ ବସି ପଢ଼ାପଢ଼ି ଲେଖାଲେଖି କରୁଥିବା ବେଳେ

ଥରେ ବୁଲିଯାଉଥାଅ ବାରନ୍ଦାରେ ଏପାଖ ସେପାଖ
ମୋ' ଆତୁର ଦୃଷ୍ଟିର ସୀମାରେ।
ପତ୍ନୀ ଶୁଣି ରାଗ ହେଲେ।
ସେ କି ଦୃଶ୍ୟ!
ଯଦିଓ କି ସ୍ୱାଭାବିକ!

(ଦୁଇ)

ଦୃଶ୍ୟମାନ ଏହିପରି :

ଧାଈର ହାତରେ ରକ୍ତ, ବେଳେବେଳେ ଧାଈ ହସୁଥାଏ,
ବର୍ଗବନ୍ଧନୀ ଭିତରେ ଅଙ୍କ ମାତିଥାଏ,
କଙ୍କି ଉଡ଼ି ବୁଲୁଥାନ୍ତି ଅରଖ ଗଛରେ,
ସିଡ଼ି ଠିଆ ହୋଇଥାଏ ଦରୁଆନ୍ ପରି
ଝିଅ ଛବି ଆଙ୍କୁଥାଏ; ବଢ଼ିଲା ନଈରେ
କାଠି କୁଟା କେତେ କ'ଣ ଭାସି ଯାଉଥାଏ,
ଦିଅଁ ଖଟୁଲୀ ଆଗରେ ଆମ୍ବ ଓ କଦଳୀ,
ଖତଗଦାରେ ଛତୁ ଓ ଡାୟାସ୍ ଉପରେ
ବକ୍ତା, ବକ୍ତାର ପାଖରେ ସଭାପତି, ଗାଈ
ଚରୁଥାଏ ପଡ଼ିଆରେ ଜୁଇ ଜଳୁଥାଏ।
ଦୃଶ୍ୟ ଅସଂଖ୍ୟ, ଦୃଶ୍ୟର ପ୍ରକାରଭେଦକୁ
ଲକ୍ଷ୍ୟ ନ କଲେ ହିଁ ଭଲ। ଯଦିଓ ସର୍ବଦା
ଆମ ଭଳି ସାଧାରଣ ଲୋକଙ୍କ ପକ୍ଷରେ
ସମ୍ଭବ ହୁଏନା
ଦେଖିବାକୁ
ଏକମାତ୍ର ଶ୍ୱେତପଦ୍ମ ପ୍ରସାରିତ ନୀଳ ସମୁଦ୍ରରେ,
ସାଂସାରିକ ଜୀବନର ଯାବତୀୟ ଜଞ୍ଜାଳ ଭିତରେ।

ଦ୍ୱିତୀୟ ନିୟମ ହେଲା ବଞ୍ଚି ରହିବାର
(ଆହା ମୁଁ ତ ବଞ୍ଚି ଜାଣି ନାହିଁ!)
ଦୃଶ୍ୟଙ୍କୁ କଦାପି

ଭଲ ପାଇଯିବ ନାହିଁ।
ଏକେ ତ ଭଲପାଇବା ଯନ୍ତ୍ରଣାଦାୟକ
ଦ୍ୱିତୀୟତଃ, ଯାହା ତା'ର ଗୁରୁତର ଦୋଷ,
ସ୍ୱାର୍ଥପର କରିଦିଏ ତମକୁ ଓ ତମେ
କହିବ ଯେ "ମୁଁ ଖାଲି ଦେଖିବା
ପାଇଁ ଏଇ ଫୁଲ-ଭର୍ତ୍ତି ମଲ୍ଲିବୁଦା ମୋ' ଘର ଦାଣ୍ଡରେ
ପଡ଼ିଶା ଘରର ଲୋକେ ଧରି ହୋଇଯାନ୍ତୁ।"

ତା'ପରେ ? ତା'ପରେ ଆଉ କ'ଣ
ଆଉଁଷିବା, ଲୋଟିଯିବା, ଫୁଲ ଛିଣ୍ଡାଇବା-
ଘାଣ୍ଟିହେବା - ଗୋଟିଏ ପଦରେ।
ତେଣେ
ଆତ୍ମାର ଅଭ୍ୟନ୍ତରରେ ମାଟି ଧସି ପଡ଼େ
ଉପତ୍ୟକାସାରା ଗର୍ତ୍ତ ଶୂନ୍ୟ ଓ ଗଭୀର,
ଯେତିକି ସ୍ୱାର୍ଥର ହାତ ଲମ୍ବାଇ ଦେଉଚ
ସେତିକି ମଉଳି ଯାଏ ଭିତରର ଫୁଲ।
ଦୃଶ୍ୟ ଫୁଲର ଅଥଚ କ'ଣ ଯାଏ ଆସେ ?
ଯେତିକି ପବନ ବହେ ସେତିକି ସେ ହସେ।

(ତିନି)

ଦୃଶ୍ୟ ତ ପ୍ରହରୀ,
ପ୍ରହରୀକି କିଏ ଭଲ ପାଏ ?
ବରଂ ତା' ପାଖ ଦେଇ ଚାଲିଗଲେ
ଡରମାଡ଼େ, ହଠାତ୍ ସେ ବାୟା ହୋଇଯାଇ
ବନ୍ଧୁକ ଉଠାଇଲା ତ......
ହେ ପଣ୍ଡିତ ପହଁରା ଜାଣିଚ ?
ଯାହା ଦିଶେ ତା'ହିଁ ଦୃଶ୍ୟ;
ମୁଁ ଦେଖୁଚି ବୋଲି ନୁହେଁ।
ଏତିକି ନ ଜାଣି ଯାହା କାମିନୀ ସାଙ୍ଗରେ

ନିର୍ବିଘ୍ନରେ ମାତିଗଲି ଅନଙ୍ଗ ରଙ୍ଗରେ
ହାତୀ କି ନେଇ ବାନ୍ଧିଲି ରେଶମ ସୂତାରେ।
କାମିନୀ ମୋ' ପାଇଁ ଦୃଶ୍ୟ, ମୁଁ ତା' ପାଇଁ
ଅମର ଦୂରତା
ସେଇ ଅସହାୟତାରେ ପୂର୍ଣ୍ଣ ହେବା ଥିଲା ସମୀଚୀନ-
ମାସେ ଧରି ପ୍ରକାଣ୍ଡ ଜାହାଜ
ବୁଡୁଥାଏ ସମୁଦ୍ରରେ
କୂଳେ ଜନପ୍ରାଣୀ
ହୋହଲ୍ଲା କରୁଥାନ୍ତି, କେହି କେହି କାନ୍ଦୁଥାନ୍ତି,
କିନ୍ତୁ ନିରୁପାୟ-ଯେଉଁପରି।

ଅଥବା ଦଶମହଲା କୋଠାର ଛାତକୁ
ଉଠିଯାଇ "ନା, ଡେଇଁଲି ତଳକୁ ଏଥର"
କହୁଥିବା ଲୋକଟିକୁ
ତଳେ ଠିଆ ବେକଭଙ୍ଗା ଦେଖୁଥିବା
ଜନତା ବିପନ୍ନ ଯେଉଁପରି।

ତେଣୁ କବି କହିଚନ୍ତି;
ଅରଣା ମଇଁଷି ରହିଚି ଅନାଇ
ମଇଁଷିର ପାଶ ନ ଯାଅ ଦନାଇଁ।

(ଚାରି)

ଅନ୍ୟ ବାଟ ଅଛି।
ଗାଁ ବାଟ
ମୁହଁସଞ୍ଜବେଳ;
ଗାଉଁଲି ସ୍ତ୍ରୀଲୋକ ଜଣେ ପାଖଆଖ ପୋଖରୀରୁ ପାଣି
ମାଠିଆ କାଖେଇ ଚାଲି ଯାଉଥାଏ ଆଗରେ ଆଗରେ
ମୁଁ ପଛରେ, ସେଇ ଦୃଶ୍ୟ ଦେଖି ଦେଖି,
ମଗ୍ନତାରେ

ମନେ ହେଲା
ମୁଁ ସେଇ ସ୍ତ୍ରୀଲୋକ
ମାଠିଆ କାଖେଇ।
କିନ୍ତୁ ମୁଁ ଦୃଶ୍ୟ କାହାପାଇଁ ?
ରେଶମ ସୂତା କେଉଁଠି ହାତୀ ଯାଇ କାହିଁ ?
ଅଥଚ ସେ ମଗ୍ନତାରେ
ପ୍ରେମ ନାହିଁ, ଭୟ ନାହିଁ,
ଅସହାୟ ଭାବ ନାହିଁ, ଘାଣ୍ଟିହେବା ନାହିଁ।

(ପାଞ୍ଚ)

ଦୃଶ୍ୟ ହିଁ ଦୃଶ୍ୟର ଅର୍ଥ।
ଅର୍ଥକୁ ଅବଶ୍ୟ
ଅଦୃଶ୍ୟ ଆବେଗ ବୋଲି ପ୍ରାୟ କୁହାଯାଇଥାଏ,
ବ୍ୟକ୍ତିଗତ ଅନୁଭବ ବୋଲି !

ବାରନ୍ଦାରେ ମୋ'ର ପତ୍ନୀ
ବୁଲି ଚାଲି ଗଲାବେଳେ
ଅର୍ଥ ହେଲା-ଜଣେ ଅଛି ମୋ' ଆଖପାଖରେ,
ମୁଁ ବଞ୍ଚି ରହିବା ଲାଗି କିଛି ଗୋଟେ ସମର୍ଥନ ଅଛି।
ଅର୍ଥ ଥାଏ ତା' ଅଣ୍ଟା କି ମୋ' ଅଣ୍ଟାରେ ଲୁଚି,
ମତେ ଦିଶେ ନାହିଁ,
ତା'କୁ ଦିଶେ ନାହିଁ,
ତେଣୁ ଅର୍ଥ ନାହିଁ।
ଦୃଶ୍ୟ ହିଁ ଦୃଶ୍ୟର ଅର୍ଥ।

(ଛଅ)

ସେତେବେଳେ
ଚାରି ପାଞ୍ଚ ବର୍ଷ ତଳେ
ସ୍ୱାଭାବିକ ମେଘ ଆସିଥିଲା।

ମେଘ ଓ ପବନ
ଦୃଶ୍ୟ ଦୃଶ୍ୟାନ୍ତରେ।
ମୁଁ ଚାକିରୀ କରୁଥାଏ
ଅନ୍ୟ ଏକ କଲେଜ୍‌ରେ,
କେତେଜଣ ଛାତ୍ର ଆଉ ସହକର୍ମୀ ମିଶି
ଗଲୁ ଚାନ୍ଦବାଲି,
ନ ଦେଖିଥିଲେ ବି କ୍ଷତି
ନ ଦେଖିଥିଲେ ବି ମୃତ୍ୟୁ ମଣିଷର
ଅକ୍ଷତ ଓ ଜୀବନ୍ତ ମଣିଷ
ଆହା କରେ ବୋଲି।
ପ୍ରକାଣ୍ଡ ନଉକା ଧରି ପାର୍ ହେଲୁ ବୈତରଣୀ
ପ୍ରକାଣ୍ଡ ମୃତ୍ୟୁ ସାଙ୍ଗରେ ବୋଧହୁଏ ଦେଖାହେବ ବୋଲି।
କି ପ୍ରକାଣ୍ଡ ସୂର୍ଯ୍ୟ ବି ସେଦିନ!
କି ଉଜ୍ଜ୍ୱଳ ଶରନ୍ୟାସ ଅକାଶରେ!
ସେ କି ମୃତ୍ୟୁ? ନା ମୃତ୍ୟୁର ସରଳାର୍ଥ ଖାଲି।

(ସାତ)

ଦୃଶ୍ୟ ହିଁ ଦୃଶ୍ୟର ଅର୍ଥ।
ନୌକାରୁ ପାଣିକଡ଼ର କାଦୁଅ ଓ କାଦୁଅରୁ
ଗାଁ ବିଲ
ବିଲରେ ମୁର୍ଦ୍ଦାର;
ବାଉଁଶଝାଡ଼ରେ ଝୁଲା ମୁର୍ଦ୍ଦାର ଓ
କିଆବୁଦାମାଳେ, ଓଳି ତଳେ,
ଲୋକଙ୍କ ଯୋଡ଼ା ହାତରେ,
ଲୋଭରେ, ଈର୍ଷାରେ

ସନ୍ଦିହାନ ବିଧବା ଓ ଛେଉଣ୍ଡ ପିଲାଙ୍କ
ତ୍ରସ୍ତ ପଥର ଆଖିର
କୁଣ୍ଠିତ ଲୁହରେ;
ସବୁଠି ମୁର୍ଦ୍ଦାର।
             ମୁଁ ବି କ'ଣ ସେ ମୁର୍ଦ୍ଦାର
             ପାଣି ଓ ଶାଗୁଣା ଯା'ର
             ମୁହଁ ଓ ଦେହରୁ
             ଭିଡ଼ି ନେଇଚନ୍ତି ମାଂସ,
             ଛାତିରେ ଯାହାର
             ବୁଲୁଛନ୍ତି ଅଗଣିତ କଙ୍କଡ଼ା ଓ ସାପ ପୋକଯୋକ ?

ଦୃଶ୍ୟ ହିଁ ଦୃଶ୍ୟର ଅର୍ଥ।
ହତବାକ୍ ମାଡ଼ିଯାଇ କାହା ଅଗଣାକୁ
ଦେଖିଲି ନାରୀ, ପୁରୁଷ, ଟୋକା ବୁଢ଼ା ଘେରି
ବସିଚନ୍ତି ଅଗଣାର ଏକମାତ୍ର ଶୁଖିଲା ଜାଗାକୁ।
ମୁଣ୍ଡ ଟେକି ଉହୁଙ୍କି ଦେଖିଲି
ମୃତ୍ୟୁ
(ମୃତ୍ୟୁ ଯାହା ଦୃଶ୍ୟ ଅଦୃଶ୍ୟର
ସବୁ ପୋଲ ଭାଙ୍ଗିଦିଏ।)
             ମୁଣ୍ଡ ଟେକି ଉହୁଙ୍କି ଦେଖିଲି
                     ମୃତ୍ୟୁ।
ଛିଣ୍ଡା ଖଜୁରି ପଟିରେ
ଚିତ୍‌ହୋଇ ଉପରକୁ ଚାହିଁ
ଗୋଡ଼ ହାତ ଛାଟି
ଖେଳୁଚି କୁନିପୁଅଟି ବର୍ଷକର, ସହସ୍ର ବର୍ଷର।

କେଡ଼େ ଭୁଲ୍ କରିଥାନ୍ତି
             ପଚାରି ଯେ ପୁଅଟି କାହାର !

ଜୟଯାତ୍ରା

(୧)
ସବୁ ଋତୁ ତ ଏପରି ନଥିଲା,
ଯଦିଓ ମୁଁ ସ୍ୱପ୍ନ ଦେଖିଚି ସବୁବେଳେ ଯାତ୍ରାର,
ଶୁଭ ମୁହୂର୍ତ୍ତ କ୍ୱଚିତ୍ ଥିଲା ପଞ୍ଜିକାରେ,
ଯେଉଁ କେତୋଟି ଆସୁଥିଲା ଶୁଭ୍ର ସଫେଦ୍ ନୌକା ପରି
ଚାହୁଁ ଚାହୁଁ ତା' ମିଳାଇଯାଉଥିଲା ସମୁଦ୍ରର କୁହୁଡ଼ିରେ,
କୃପଣ ପବନ ମତେ ମନା କରି ଦେଉଥିଲା,
ଅନ୍ଧାର ଘୋଟି ଆସୁଥିଲା ସ୍ମୃତିରେ, ଚେତନାରେ।
ଋତୁ ବଦଳୁଥିଲା, ଯଦିଓ
ସ୍ୱପ୍ନ ସେମିତି ରହୁଥିଲା ସ୍ଥିର, ମୃତ ପ୍ରାୟ
ଅଚିହ୍ନା ପତଙ୍ଗ ପରି ବିଶାଳ ସଫେଦ କାନ୍ଥରେ,
ବାଦୁଡ଼ି ଓ ପୋକ, ଠେକୁଆ ଓ ଗାତମୂଷାଙ୍କର
ଅନ୍ଧାରୀ ବିଜେ ଦେଖି ଈର୍ଷ୍ୟାରେ
ଭଲ ପାଇଯାଉଥିଲି ସେମାନଙ୍କୁ,
ବଣୁଆ ଫୁଲ ବାସ୍ନାରେ ବାଉଳା ହୋଇ
ଜାବୁଡ଼ି ଧରୁଥିଲି କଣ୍ଟାଗଛକୁ,
ଗଡ଼ିଆକୁ କହୁଥିଲି ପାଣିଦେ', ପାଣିଦେ',
ନହେଲେ ତତେ ଶୁଖେଇଦେବି ମୋ' ରାଗର ଉତ୍ତାପରେ,
ସମସ୍ତେ ଅଚିହ୍ନା ଥିଲେ, ଜଣାନଥିଲା
ଚିହ୍ନିବା ମାନେ ଆଉଁଷି ଦେବା ଗୁଣ୍ଡୁଚିର ପିଠିକି
ନିଷ୍କାମ କୃତଜ୍ଞତାରେ, ରକ୍ତର କଳରୋଳ ଭିତରେ।

ମଣିଷ ତ ପ୍ରାୟ ସବୁବେଳେ ବିଷର୍ଣ୍ଣ,
ପାଚେରୀ ଆର ପାଖରେ ଠିଆ ହୋଇ ରୋଗିଣା ଶିଶୁକୁ
ଠେଲି ଦେଉଥିଲା ଆଗକୁ ଓ ଅଭଦ୍ର ଚିତ୍କାରରେ
ଖୋଲି ଦେଖାଉଥିଲା ପଟି ସମୟ ଦେହର କ୍ଷତର।

ସବୁ ଯନ୍ତ୍ରଣା ଥିଲା ମୋ' ପାଇଁ ଅକାରଣ,
ଅଯୋଗ୍ୟ ମୋ' ଔଷଧର, ଅନୁରାଗର;
ସବୁ ଶୋକ ନିରର୍ଥକ - ଦୂର ସମୁଦ୍ରରେ
ମରି ହଜି ଯାଇଥିବା ନୋଳିଆର ଶବ ସେମିତି
ମିଳାଇ ଯାଉଥିଲା ସମୁଦ୍ରର ଲୁଣି ପାଣିରେ,
ତା' ସ୍ତ୍ରୀ ପିଲାଙ୍କ କାନ୍ଦଣା ଉପରକୁ ଉଠି ଉଠି
ନଡ଼ିଆ ଗଛ ଆଗରେ ଅଦୃଶ୍ୟ ହୋଇଯାଉଥିଲା ।
ସବୁ ଅଦୃଶ୍ୟ ଥିଲା, ଅଜଣା ଥିଲା,
ଦୃଶ୍ୟ ହେଲେ ଆଖିରୁ ଲୁହ ଗଡ଼ିପଡ଼େ ଯେ !

ଏବେ ଯେମିତି
ଲୁହ ଗଡ଼ିପଡ଼େ ଅଥଚ ଦାନ୍ତଚିପି, ବାଡ଼ି ଧରି
ଆଗରେ ଯିବାକୁ ହୁଏ ଏ ଶୋଭାଯାତ୍ରାର;
ମଣିଷର କାନ୍ଧରେ ଶିଶୁ, କାଖରେ, ଟୋକେଇରେ;
ପିଞ୍ଜରାରେ ଶୁଆ, ଗଧ, ଘୋଡ଼ା, ଓଟ ଓ ବଳଦଙ୍କ ପିଠିରେ
ଛିଣ୍ଡା ଲୁଗାର ବୁଜୁଳି, ବାସନକୁସନ;
ଜୁଳୁ ଜୁଳୁ ଆଖି ଓ ଦୀର୍ଘଶ୍ୱାସ, ଶୀର୍ଣ୍ଣ ଦେହ ଭିତରେ
ଲୋଭ ମୋହ ଦୟା ମାୟା କରୁଣ, କାତର ।

କାଲି ହଠାତ୍ ସଞ୍ଜବେଳେ
ସମୁଦ୍ର ଦୁଇ ଭାଗ ହୋଇ ଯାଇଚି
କେଉଁ ବିନୟୀ ବୁଢ଼ାଲୋକର କ୍ରୋଧରେ;
ଲାଲ୍, ଗୋଲାପର ଶାଣିତ ସୁଗନ୍ଧରେ
ତରଳି ଯାଇଚି ଲୁଣି ମାନଚିତ୍ରରୁ;
ବୁଢ଼ା ଜଟାୟୁ
          ଜାହାଁପନାଙ୍କ ବାଗାନ୍‌ରୁ
ତୋଳି ଆଣି ଦେଇଚି ଆମ ସ୍ତ୍ରୀ ପିଲାଙ୍କ ହାତରେ
ପ୍ରଚୁର କମଳା ଓ ଆପେଲ୍ ।

ଲଣ୍ଡନର ଦିକି ଦିକି ଆଲୁଅରେ
ବଢ଼ିଲା ଝିଏ ହସୁଚନ୍ତି;
ଯାତ୍ରା ଆରମ୍ଭ ହୋଇଚି,
ଦୁଇ ପାଖରେ ସମୁଦ୍ର ଅନନ୍ତ, ଅବିରାମ
ନବ ଦୁର୍ବାଦଳ ଶ୍ୟାମ ରାମ।

(୨)

ଆମେ ପହଞ୍ଚି ପ୍ରଥମେ ଦେଖିଲୁ ମୌନ ପାନ୍ଥଶାଳା,
ଫଳକରେ ଆଉ ନାଁ ନାହିଁ,
ବୋଧହୁଏ ପୋଛି ନେଇଚି ପ୍ରାଚୀନ ପବନ,
ଅଳନ୍ଧୁ, ଅବିଶ୍ୱାସ ଓ ଭୟର ଭାରି ଭାରି ଗନ୍ଧ
ଆମକୁ ଘେରିଗଲା ଅସଂଖ୍ୟ କଙ୍କାଳ ପରି।

କେହି କେହି କହିଲେ
"ଏ ମୁକ୍ତି ଆମର ସ୍ୱପ୍ନ ନ ଥିଲା, ବିଫଳ ଏ ଯାତ୍ରା"
ସ୍ତ୍ରୀ ପିଲା ଗାଈଗୋରୁଙ୍କ ଆଖିରେ ସେଇ ଶଙ୍କିତ ଦୃଷ୍ଟି;
ନିଷ୍ପ୍ରାଣ ହସ ଓ କଥାବାର୍ତ୍ତା ଭିତରେ
ମୁଣ୍ଡ ହଲାଉଥିଲେ ଭାରବାହୀ ପଶୁ,
ପିଞ୍ଜରାରେ ଶୁଆ ସାରୀ ଚୁପ୍।

ପଛକୁ ଚାହିଁ ଦେଖିଲୁ
ଘମାଘୋଟ ସମୁଦ୍ର,
ଆଗରେ ଧୂ ଧୂ ପ୍ରାନ୍ତର।
କେହି କେହି କହିଲେ
"ଏଇ ଆମର ନିୟତି।"
ହଠାତ୍ ଅସ୍ୱାଭାବିକ କଳରୋଳ ଉଠିଲା, "ଆମର, ଆମର।"

ପାନ୍ଥଶାଳା ଭିତରୁ ପ୍ରତିଧ୍ୱନି ଉଠିଲାବେଳକୁ
ସାହସୀ ଯୁବକମାନେ ଧସାଇ ପଶିଲେ,

ପଛେ ପଛେ ମା' ବାପ, ସ୍ତ୍ରୀ ପିଲା, ବୁଢ଼ା ସୈନିକ
ପାଗଳୀ ବାରଙ୍ଗନା ଓ ନିରୁତ୍ସାହ ଭାଟ।
ସମସ୍ତେ ପରିଷ୍କାର ଓ ନିଃସ୍ୱ।

ପଛର ସମୁଦ୍ରରେ ଭାସୁଥାଏ
ଛିଣ୍ଡା ଯୋତା, ଛିଣ୍ଡା ପୋଷାକ,
କମଳା ଚୋପା ଓ ଶିଶୁଙ୍କ ଶବ।
ତା' ପରେ ଦିନେ ସକାଳେ ସମୁଦ୍ର ଶାନ୍ତ,
ଚିହ୍ନା ପକ୍ଷୀମାନଙ୍କ ଚକ୍‌କର୍ ଆକାଶରେ,
ଲହଡ଼ିରେ ଅସଂଖ୍ୟ ସୁନା ମାଛ ପରି
ଆଲୁଅ ଚକ୍ ଚକ୍।

କିଏ ଧାଇଁ ଆସି କହିଲା ମନେ ନାହିଁ -
ଛତୁ ତୋଳି ଯାଇଥିବା ଝିଅମାନେ କି
ଗାଈ ଚରେଇ ଯାଇଥିବା ଟୋକା ନା
ସାରା ରାତି ଅନିଦ୍ରା ବୁଲିଥିବା ବୁଢ଼ୀ-

ସମୁଦ୍ରକୂଳେ ଆସି ଲାଗିଚି ଜାହାଜ
ଇନ୍ଦ୍ରଙ୍କ ଐରାବତ ପରି ବିଶାଳ,
କେହି କୁଆଡ଼େ ନାହାନ୍ତି ଜାହାଜ ନିଶ୍ଚଳ
ଜାହାଜଯାକ ଖୋଜି ଖୋଜି ମିଳିଲା
କେବଳ କୋଡ଼ିଏଟି ସ୍ୱର୍ଣ୍ଣ ମୁଦ୍ରା।

ରାଜା କହିଲେ : ମତେ ଦିଅ
ମୁଁ ତୋଳିବି ନବତଳ ପ୍ରାସାଦ;
ରାଣୀ କହିଲେ : ମତେ ଦିଅ
ମୁଁ ଗଢ଼ିବି କେୟୂର କଙ୍କଣ,
କବି କହିଲେ : ମତେ ଦିଅ
ମୁଁ ରଚନା କରିବି କାବ୍ୟ;

ସେନାପତି କହିଲେ : ମତେ ଦିଅ
ସମୃଦ୍ଧ କରିବି ସେନାବାହିନୀ;
ଶିକ୍ଷକ କହିଲେ : ମତେ ଦିଅ
ମୁଁ ସ୍ଥାପନ କରିବି ବିଦ୍ୟାଳୟ;
ଚିକିତ୍ସକ କହିଲେ : ମତେ ଦିଅ
ଚିକିତ୍ସାଳୟ ଦରକାର;
ବିଚାରପତି କହିଲେ : ମତେ ଦିଅ
ଗଢ଼ିବି ନୂଆ କାନୁନ୍;
ବଣିକ କହିଲେ : ମତେ ଦିଅ
ପୁଞ୍ଜି ଖଟାଇବି ବାଣିଜ୍ୟରେ;
ଶିଳ୍ପୀ କହିଲେ : ମତେ ଦିଅ
ମୁଁ ଆଙ୍କିବି ସ୍ୱପ୍ନର ଚିତ୍ର;
ଗୃହସ୍ଥ କହିଲେ : ମତେ ଦିଅ
ଚଳିଯାଉ ମୋ' ସଂସାର;
ଐତିହାସିକ କହିଲେ : ମତେ ଦିଅ
ମୁଁ ଲେଖିବି ଜାତିର ଇତିହାସ ।

ଜାହାଜ କହିଲା : ନିଅ, ନେଇ ଯାଅ
ଯିଏ ନେଉଚ ନିଅ, କିନ୍ତୁ ମନେରଖ
ଅସନ୍ତୋଷ ହିଁ ଦୁଃଖ
ଅବିଶ୍ୱାସ ହିଁ ଦୁଃଖ
ନୈରାଶ୍ୟ ହିଁ ଦୁଃଖ
ସ୍ୱାର୍ଥପରତା ହିଁ ଦୁଃଖ...

ସୂର୍ଯ୍ୟାଲୋକ ସେମିତି ଖେଳୁଥାଏ
ତରଙ୍ଗ ଦୋଳାରେ ।

BLACK EAGLE BOOKS

www.blackeaglebooks.org
info@blackeaglebooks.org

Black Eagle Books, an independent publisher, was founded as a nonprofit organization in April, 2019. It is our mission to connect and engage the Indian diaspora and the world at large with the best of works of world literature published on a collaborative platform, with special emphasis on foregrounding Contemporary Classics and New Writing.

www.ingramcontent.com/pod-product-compliance
Lightning Source LLC
LaVergne TN
LVHW041641060526
838200LV00040B/1669
* 9 7 8 1 6 4 5 6 0 5 3 0 0 *